Simplified Pattern-Making of
LADIES' PANTS

Easy to Follow

Easy to Understand

Easy to Remember

Detailed & Comprehensive

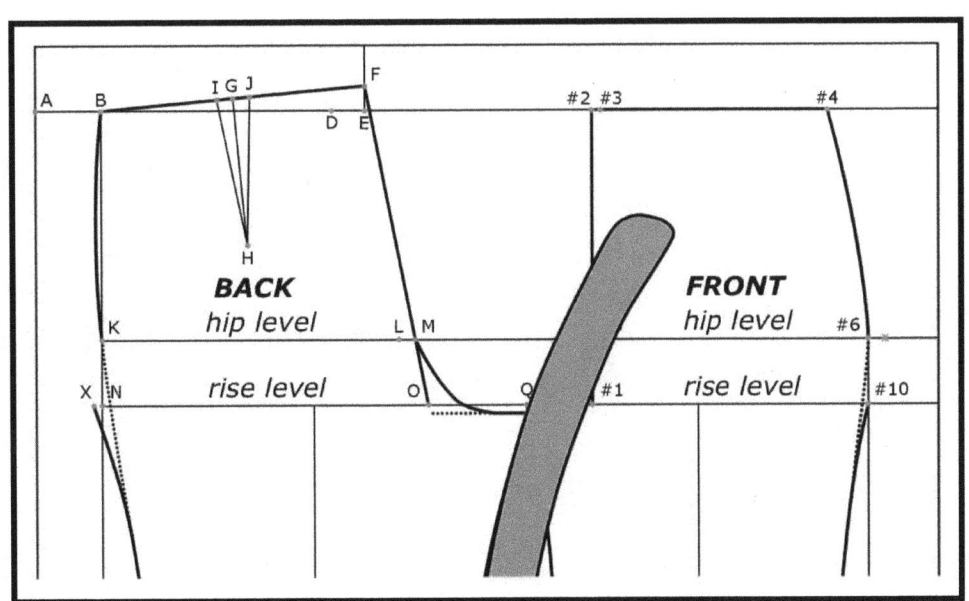

Chic R. Francisco

Copyright © 2014 by Golden Ideas Publishing House, Inc.

All rights reserved. No part of this publication may be reproduced or transmitted in any form or by any means, electronic or mechanical including photocopying, recording, or any information storage or retrieval system, without permission in writing from publisher.

Golden Ideas Publishing House, Inc.
1913 Taft Avenue, Manila, Metro Manila Philippines

*This book is dedicated to my readers.
May it give them additional skills
and bring them prosperity.
And most of all, may it bring glory to God.*

TABLE OF CONTENTS

General Information 1

Pattern-Making/Sewing Tools 3

How to Read the Tape Measure in Inches 7

How to Read the Tape Measure in Centimeters 8

How to Use the Tape Measure for Drafting Purposes 9

How to Measure for Ladies' Pants 10

Ladies' Pants Measurement 12

Standard Measurements for Ladies' Pants 13

Basic Pants 15

Slide Pocket (Basic Pants) 26

Zipper Plackets 29

Waistband 30

Pants With Two Front Darts 31

Pants With Four Front Darts 40

Pants With Two Front Pleats 50

Pants With Four Front Pleats 59

Denim Pants 69

Slide Pocket (Denim Pants) 77

Zipper Plackets (Denim Pants) 79

Back Yoke (Denim Pants) 80

Back Patch Pocket (Denim Pants) 81

Pajama Pants 83

About the Author 92

General Information

Fabric Print Direction

Printed fabrics may have a one-way print direction. It is best to study the print for it may be going in one direction. When the pattern pieces are laid out on a fabric, the print's direction must be taken into account at all times.

One Way Fabrics

Some fabrics reflect light differently depending on the directions of the 'fall' of the fabric like satins. All pattern pieces must be laid out in one direction when these are laid on the fabric.

Pile Fabrics

Corduroy and velvet are examples of pile fabrics [with a hair-like (threads) surface]. To know the direction of the pile, run your hand on the pile's lengthwise grain from top to bottom. If the feeling of your stroke is smooth, then your stroke is running on the right direction of the pile of the fabric. Keep this in mind when you layout your patterns as your patterns should fall in one direction only. Otherwise, to cut a pile fabric in different directions will result in different light reflections, which may not be desired.

Fabric Grain

The grain of the fabric is made up of lengthwise threads (warp) which run vertically along the selvages of the fabric. These are interwoven with crosswise threads (weft) which run horizontally from selvage to selvage of the fabric.

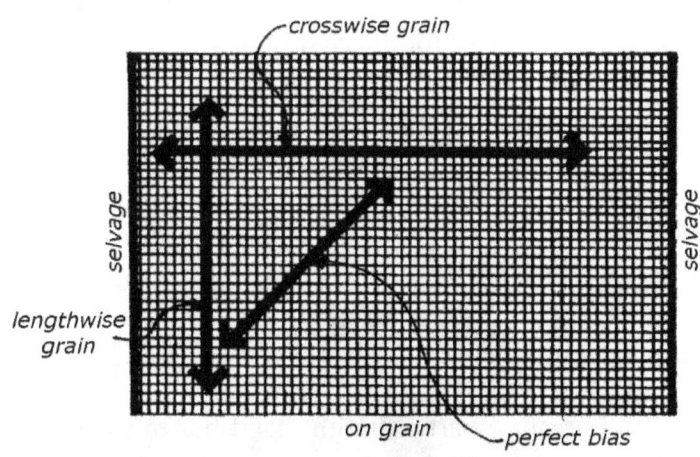

Selvages

Selvages are the finished edges that are located at both ends of the fabric which run along the lengthwise grain of the fabric, while the crosswise grain runs from selvage to selvage. The threads on the selvages are woven closely together to prevent the threads from unraveling.

Off Grain

A fabric is off grain when the lengthwise grain and the crosswise grain do not run at a right angle to each other. Garments that are cut off grain will twist out of shape after several washings. Sometimes, one gets to buy a fabric that is off-grain. One way to correct an off grain fabric is to pull the fabric on its two opposite directions. This is why it is best to check the grain of the fabric before buying one.

off grain (slanted grain)

Pin Basting

Pin basting is employed in the preparation before two pieces of fabric is to be sewn together. Pin basting is done first before a fabric is hand basted or machine sewn. When what is to be machine sewn is easy to handle, there may be no need to hand baste after pin basting.

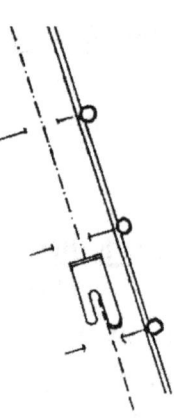

Hand Basting

Hand basting is made up of temporary running stitches done by hand to join two pieces of fabric together for easy and even machine sewing. When attaching zippers, lace, bias tapes, hand basting is necessary for the easy attachment of these notions.

Diagonal hand basting is better to totally flatten a wide part of a garment that needs machine sewing like the waistband, collars, etc.

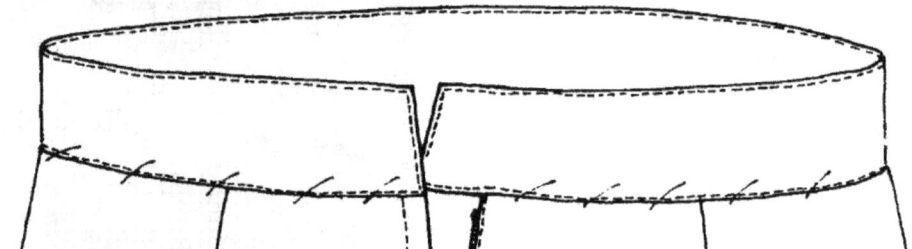

For other parts, straight hand basting will do. For instance, straight hand basting can be done on the fold of a hemline or sleeves.

Pattern-Making/Sewing Tools

Tape Measure

This is used for taking measurements and for transferring the measurements on the pattern paper and the fabric. Do not use the ruler for transferring the body measurements on the pattern paper; instead, the tape measure should be used as a tool for greater uniformity in measuring and for convenience. Get a tape measure with clear markings for inches on one side and centimeters on the other side.

Triangle Ruler

A triangle ruler that is to be used has three sides with three angles of 30 degrees, 60 degrees and 90 degrees and a length of 12 inches on its longest side. This is used to make sure that a straight line is drawn to a 'square' when a straight line is required. Squaring a line is done by placing the base of the triangle ruler alongside an existing straight line of the pattern paper or an existing straight line on the pattern being drafted. This is done by drawing a line perpendicularly away from the base to get a desired straight line. When the instruction is to 'square' or draw a straight line, it is meant that the triangle ruler or the L-shaped ruler is to be used.

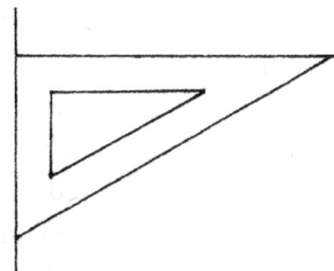

This is always the way the triangle ruler, or, for longer lines, the L-shaped ruler should be used to square or draw a straight line. The base of the triangle ruler or L-shaped ruler should be placed alongside an existing straight line of the pattern paper being used for drafting. Then square or draw a straight line to the required measurement.

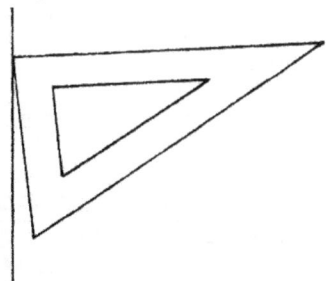

This is the wrong way to use the triangle ruler or the L-shaped ruler, where an existing straight line has been ignored. Try both ways and see the difference. Using the triangle ruler or the L-shaped ruler incorrectly will result to an 'off-line' and not the desired 'square' line or straight line.

Pencils

Use ordinary pencil for drafting the pattern and a colored pencil for correcting or adjusting the errors committed while drafting a pattern. It is always important to double check the measurements marked on the completed pattern that you have drafted.

Tailor's Square

This ruler is also called the L-shaped ruler. It is L in shape and has two arms. The long arm is 24 inches long and the short arm is 14 inches long. One side of this ruler is marked in inches and in centimeters. The other side is marked in varying units of measurements converted into fourths, sixths, eights, etc. of an inch. This is mostly used for men's tailoring and for women's pattern drafting needs - the long arm is used for making long straight lines as in the side seam of a skirt or pants. The tailor's square ruler is used to 'square' straight lines and is, therefore, used like a triangle ruler.

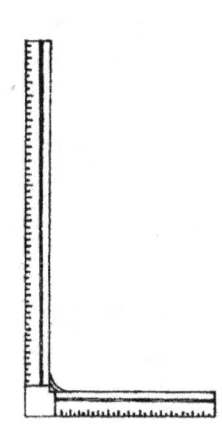

Curve Ruler

The curve ruler is 24 inches long. The upper part is from 1 inch and ends at 12 inches. The upper part is referred to as the 'round curve' part of the ruler. The round curve part of the ruler is used for shaping the hips, while the slightly curve part, which is numbered 13 to 24 inches, is used to shape the darts, waistline, collars, hemline, etc., or where a slight curve is needed. This ruler like the L-shaped ruler is marked in inches and in varying units of measurements converted into fourths, sixths, eights, etc. of an inch. In drafting a pattern, a curve line is used for some body parts instead of a straight line because the human body is curved and round in most parts. To use a straight line where a curve line is required would make a garment 'pucker' and therefore result in an unsightly garment or badly fitted garment.

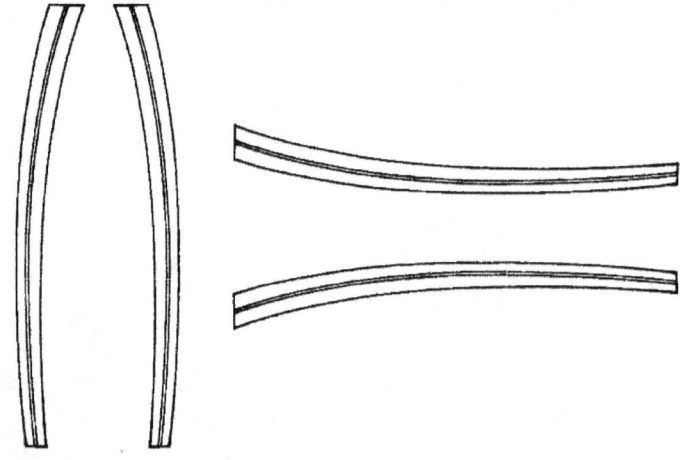

As seen in the illustration, the curve ruler may be manipulated to produce the desired curve line, which is a slightly round (convex) or a slightly hollow (concave) shaped line. The term that will be used for instructions on the curve ruler's usage is convex (round) or concave (hollow) to refer to the required positioning of the curve ruler.

Scissors

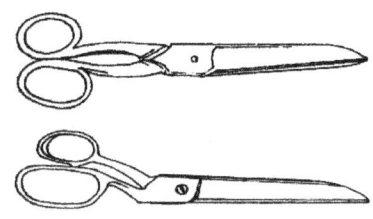

Two kinds of scissors are essential in pattern making and sewing. One is for cutting paper and the other is for cutting fabric. The scissors with a bent handle is best used for cutting fabric because it minimizes the scissors' 'lifting' the fabric. The scissors used for fabric should not be used for paper so that the blades sharpness will be preserved.

Pattern Paper

This is a brown paper used for drafting a pattern. This paper has a width of 36 inches (91.5 cm) and a length of 48 inches (122.0 cm).

Tracing Wheel

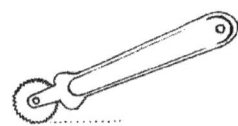

This is a tool used for transferring sewing lines on the fabric. The sharp points on the end of the wheel transfer the markings of sewing lines to the fabric when it is passed over a colored tracing paper for fabrics.

Colored Tracing Paper

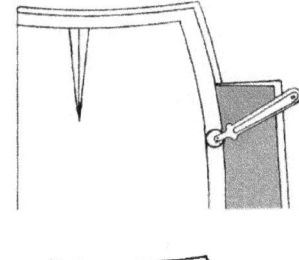

This tracing paper for fabrics comes in varying colors which is used on the fabric to transfer and mark the sewing lines with the help of a tracing wheel. The tracing paper should be folded with the right side out and inserted between the wrong sides of the fabric. Then let the tracing wheel run on the edge of the pattern where the sewing line should fall. This way the sewing line will be transferred on the fabric.

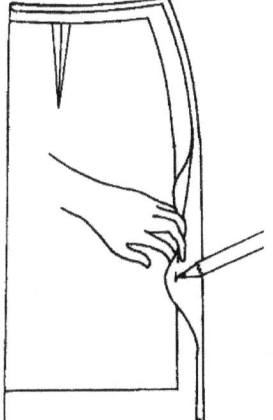

Or in case a fabric colored tracing paper is not available, use a tailor's chalk or a colored pencil and lift one side of the fabric and mark the sewing lines on both sides of the fabric. Let the nail of your index finger be your guide in marking the fabric as seen in the following illustration.

Pins

Pins with plastic round heads are preferable because they do not and have sharper ends. It is also easier to handle because of the round heads of the pins. Always pin from the top of a fabric to the bottom. (Example: Start pinning the side seam of a skirt from the side of the waist down to the side of the hemline. Make sure that all the sewing lines are pinned in a well-aligned manner.)

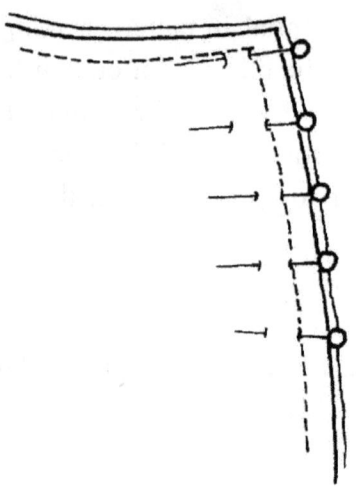

Ripper

This instrument is used to remove or rip off stitches. The long pointed part is to be inserted in a stitch and the rounded part is used to rip the stitch as this part is sharp like a blade. Rip every four to five stitches away then pull the stitched thread on the other side of the fabric.

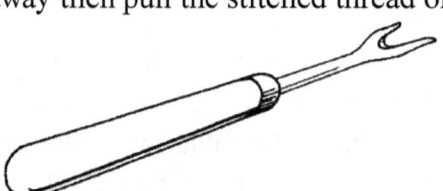

How to Read the Tape Measure in Inches

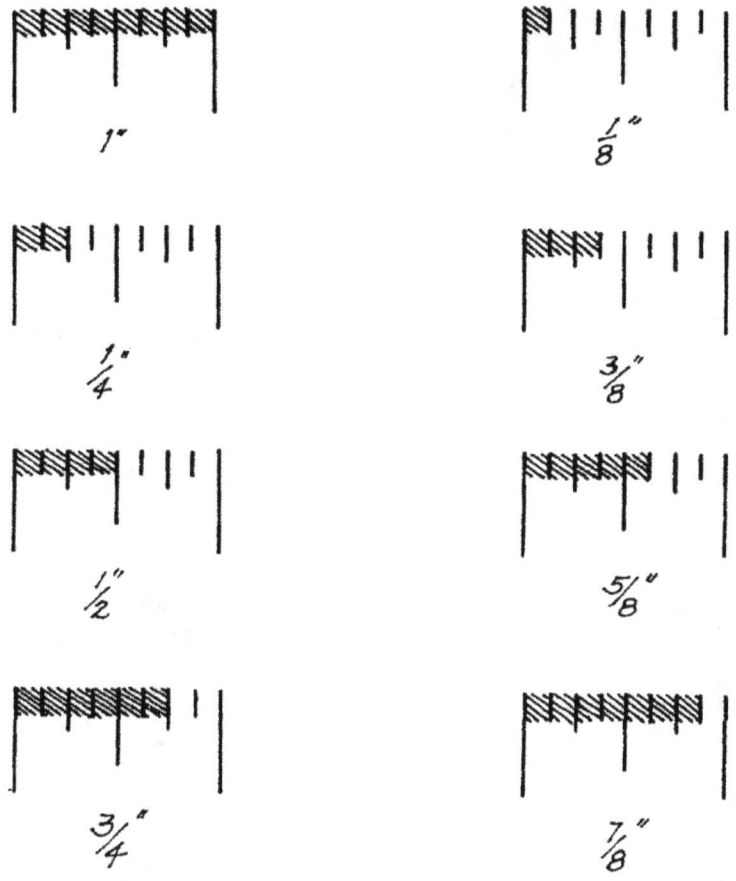

How to Read the Tape Measure in Centimeters

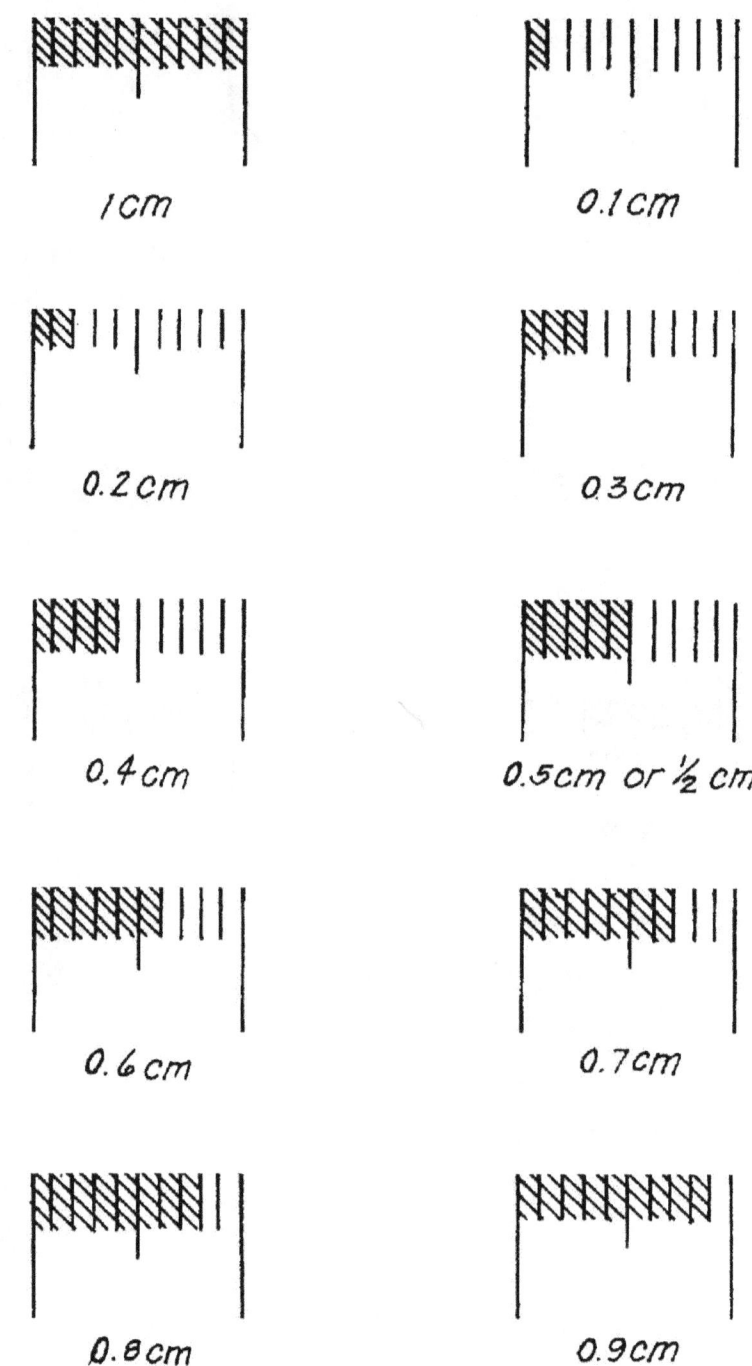

Conversions from inches to centimeters are approximations. For example, the conversion of 1 inch is 2.5 centimeters or 2.6 centimeters (when the measurement needs to be divided into two). However, this will not adversely affect the pattern.

How to Use the Tape Measure for Drafting Purposes

When transferring the body measurements on the pattern paper, one need not do computations when a division is required. Instead, just fold the tape measure to the required or desired measurement.

For instance, to get 1/2 of the required measurement, just fold the tape measure once with the tip of the tape measure falling on the required measurement. Without removing the fold, transfer the required measurement on the pattern paper and mark this on the pattern paper.

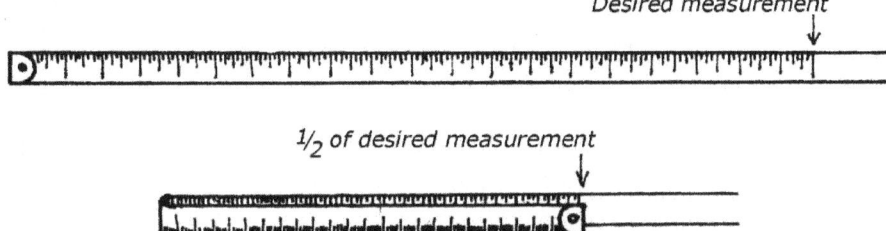

To get 1/4 of the required measurement, just fold the tape measure into 1/2 of the required measurement then fold it again into 1/2. The folded tape measure will have four equal parts. Each of these equal parts is 1/4 of the required measurement. Again, without removing the folds, transfer the required measurement on the pattern paper and mark this on the pattern paper.

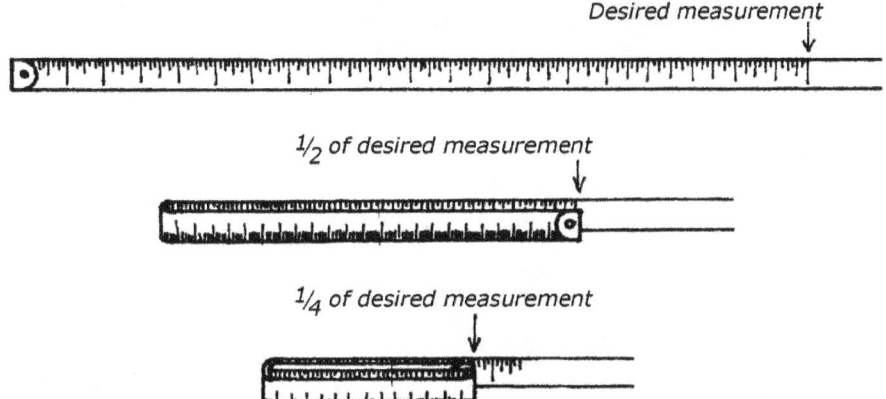

To get 1/3 of the required measurement, just roll or fold the tape measure into three equal parts from the tip to the required measurement. This rolled or folded tape measure will yield three equal parts. Each of these equal parts is 1/3 of the required measurement.

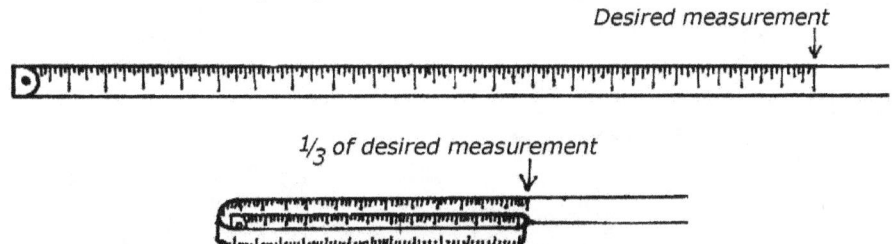

How to Measure for Ladies' Pants

Waistline (A)
Run the tape measure around the waistline in a snug manner.

Hip (B)
Run the tape measure along the lower hip level where the buttocks are fullest. If the stomach is round include the protrusion of the stomach (as seen in the illustration with a broken line) by adding 1 inch (2.5 cm) or 2 inches (5.0 cm) or more on the hip measurement. This is done for stomach easing so that the pair of pants will fall nicely and not be bulging around the stomach.

Knee Circumference for Regular Fit Pants (C)
Get the desired knee circumference for regular fit pants.

Ankle Circumference for Regular Fit Pants (D)
Get the desired ankle circumference for regular fit pants.

Length of Regular Fit Pants (E)
Get the desired length for regular fit pants.

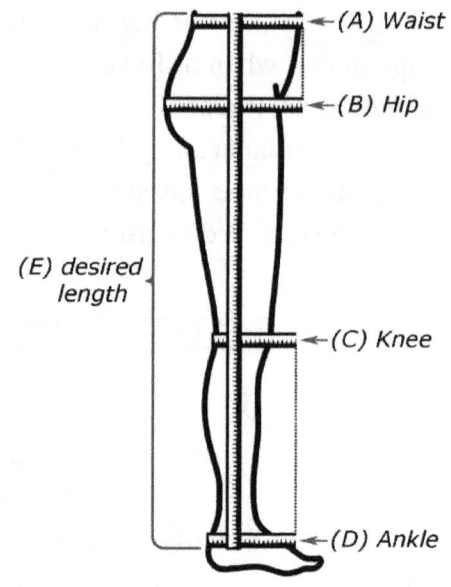

Knee Circumference for Slim Fit Pants (C1)
Get the desired knee circumference for slim fit pants.

Ankle Circumference for Slim Fit Pants (D1)
Get the desired ankle circumference for slim fit pants.

Length of Slim Fit Pants (E1)
Get the desired length for slim fit pants.

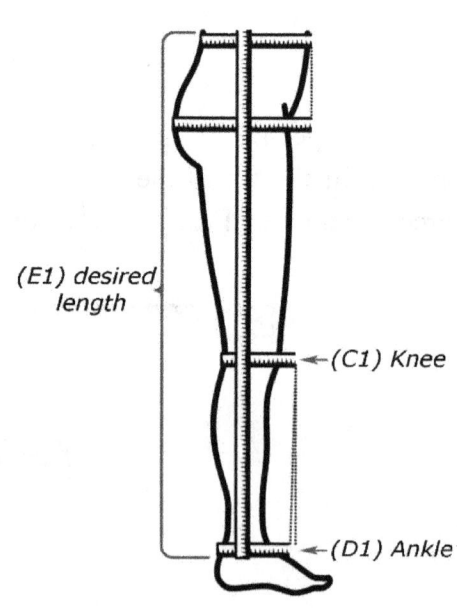

Knee Circumference for Skinny Fit Pants (C2)
Get the desired knee circumference for skinny fit pants.

Ankle Circumference for Skinny Fit Pants (D2)
Get the desired ankle circumference for skinny fit pants.

Length of Skinny Fit Pants (E2)
Get the desired length for skinny fit pants.

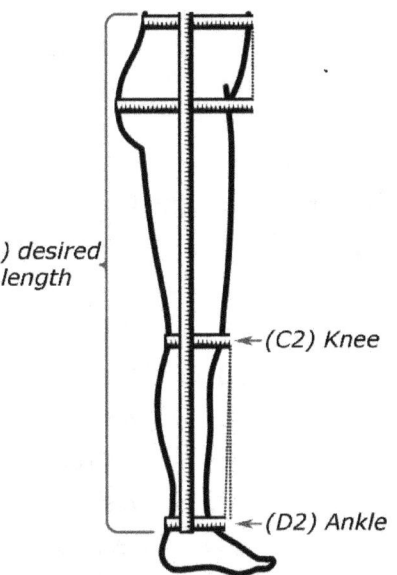

Rise or Crotch Level (F)
Let the person sit on a flat surface; then measure the length from the waistline level to the level of the flat surface.

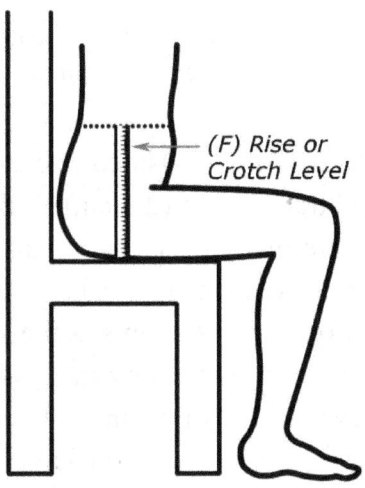

Ladies' Pants Measurement

Name: _____
Address: _____
Telephone/Mobile #: _____
Date: _____

    (A)   Waist   _____
    (B)   Hip   _____
    (C)   Desired Knee Circumference (regular fit)   _____
    (C1)   Desired Knee Circumference (slim fit)   _____
    (C2)   Desired Knee Circumference (skinny fit)   _____
    (D)   Desired Ankle Circumference (regular fit)   _____
    (D1)   Desired Ankle Circumference (slim fit)   _____
    (D2)   Desired Ankle Circumference (skinny fit)   _____
    (E)   Desired Length of Pants (regular fit)   _____
    (E1)   Desired Length of Pants (slim fit)   _____
    (E2)   Desired Length of Pants (skinny fit)   _____
    (F)   Desired Rise/Crotch Level (regular fit)   _____
    (F1)   Rise/Crotch Level (slim fit)*   _____
    (F2)   Rise/Crotch Level (skinny fit)*   _____

* From the measured rise/crotch level (not from the standard measurement given in the book), subtract 1 inch (2.5 cm), 1 1/2 inches (4.0 cm) or 2 inches (5.0 cm). Note your preference of the rise/crotch level for a pair of slim fit or skinny fit pants. If you are using the Standard Measurements for Ladies' Pants, there is no need to adjust the rise/crotch level for a pair of slim fit or skinny fit pants as the given standard rise/crotch level measurement will result in a snug fit. However, for basic pants and pants with darts or pleats, an adjustment of lowering the rise/crotch level to 1/2 of an inch (1.3 cm) or 1 inch (2.5 cm) may be done for a more relaxed fit on the rise/crotch area. You have to experiment to find out which rise/crotch level you prefer by drafting and sewing a pattern of a pair of slim fit or skinny fit pants on inexpensive fabric.

Standard Measurements for Ladies' Pants

Note: The hip measurement will determine the figure size classification.

Extra Small (XS)

Waistline (A):	24 inches (61.0 cm)
Hip (B):	32 inches (81.0 cm)
Knee (C):	15 inches (38.0 cm)
Ankle (D):	12 inches (30.5 cm)
Length of Pants (E):	35 inches (89.0 cm)
Rise/Crotch Level (F):	8 inches (20.0 cm)

Small (S)

Waistline (A):	26 inches (66.0 cm)
Hip (B):	34 inches (86.5 cm)
Knee (C):	16 inches (40.5 cm)
Ankle (D):	13 inches (33.0cm)
Length of Pants (E):	36 inches (91.5 cm)
Rise/Crotch Level (F):	8 1/2 inches (21.5 cm)

Medium (M)

Waistline (A):	28 inches (71.0 cm)
Hip (B):	36 inches (91.5 cm)
Knee (C):	17 inches (43.0 cm)
Ankle (D):	14 inches (35.5 cm)
Length of Pants (E):	37 inches (94.0 cm)
Rise/Crotch Level (F):	9 inches (23.0 cm)

Large (L)

Waistline (A):	30 inches (76.0 cm)
Hip (B):	38 inches (96.5 cm)
Knee (C):	18 inches (45.5 cm)
Ankle (D):	15 inches (38.0 cm)
Length of Pants (E):	38 inches (96.5 cm)
Rise/Crotch Level (F):	9 1/2 inches (24.0 cm)

Extra Large (XL)

Waistline (A):	32 inches (81.0 cm)
Hip (B):	40 inches (101.5 cm)
Knee (C):	19 inches (48.0 cm)
Ankle (D):	16 inches (40.5 cm)
Length of Pants (E):	39 inches (99.0 cm)
Rise/Crotch Level (F):	10 inches (25.5 cm)

Double Extra Large (XXL)

Waistline (A):	34 inches (86.5 cm)
Hip (B):	42 inches 106.5 cm)
Knee (C):	20 inches (50.5 cm)
Ankle (D):	17 inches (43.0 cm)
Length of Pants (E):	40 inches (101.5 cm)
Rise/Crotch Level (F):	10 1/2 inches (26.5 cm)

Basic Pants

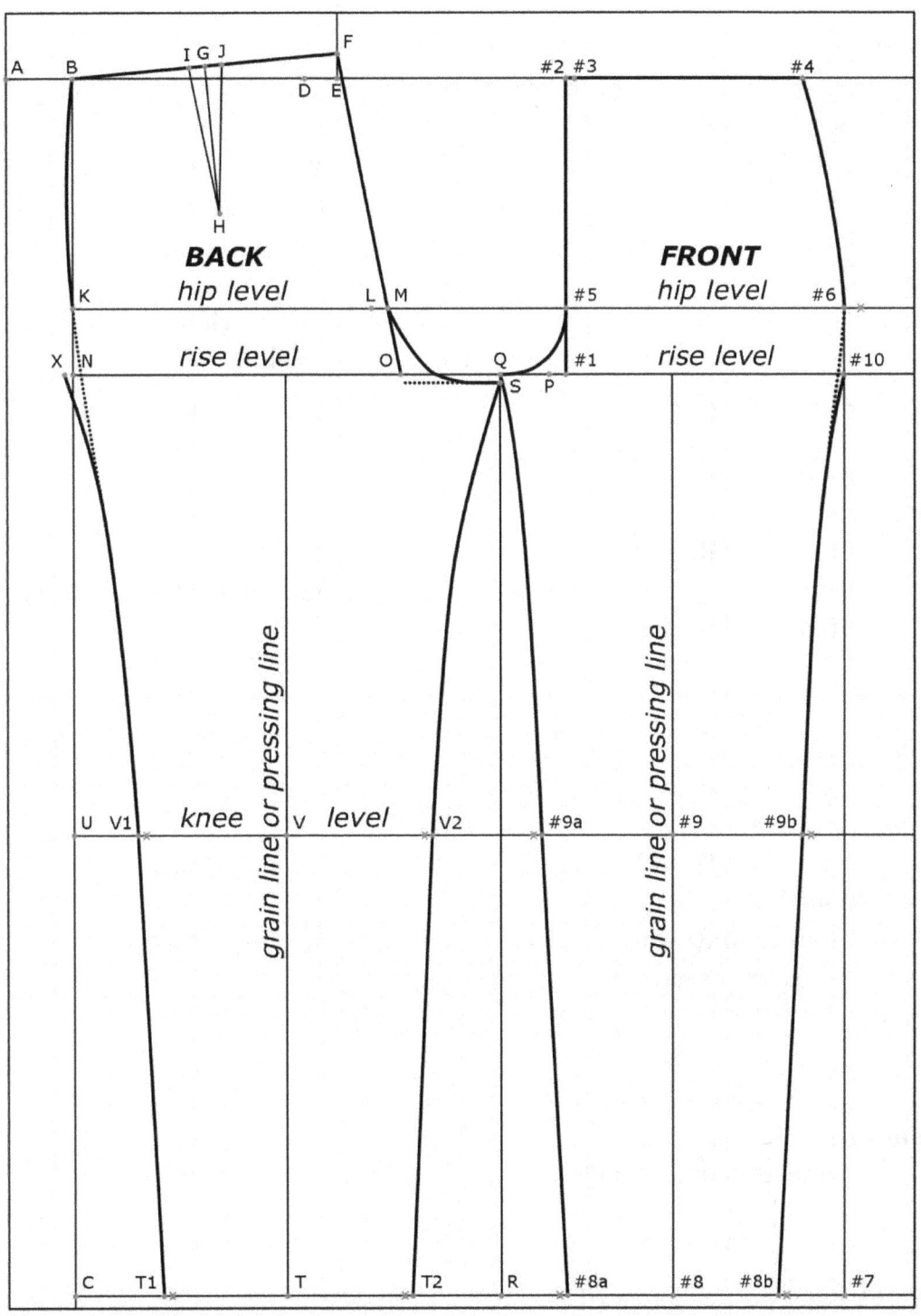

BACK PATTERN

Guideline
- *Point A*
    - From the top edge of the pattern paper, **go down** 2 inches (5.0 cm). **Mark** this point **A**.
    - From point **A**, **square** or **draw** a straight horizontal line to the right until the end of the pattern paper using an L-shaped ruler or a long straight ruler. This straight horizontal line is the "waist level".
- *Point B*
    - From point **A**, **go** (to the right) 2 inches (5.0 cm). **Mark** this point **B**.
    - From point **B**, **square** or **draw** a straight vertical line (downwards) until the end of the pattern paper using an L-shaped ruler or a long straight ruler.

Length of the Pants
- *Point C*
    - From point **B**, **go down** until the desired length of the pants. **Mark** this point **C**.
    - From point **C**, **square** or **draw** a straight horizontal line to the right until the end of the pattern paper.

Waist
- *Point D*
    - From point **B**, **go** (to the right) 1/4 of the waist measurement. **Mark** this point **D**.
- *Point E*
    - From point **D**, **add** 1 inch (2.5 cm) (to the right) for the dart allowance. **Mark** this point **E**.
    - From point **E**, **square** or **draw** a straight vertical line (upwards) until the end of the pattern paper.
- *Point F*
    - From point **E**, **go up** 3/4 of an inch (2.0 cm) for a pattern with regular buttocks or 1 inch (2.5 cm) for a pattern with fuller buttocks. **Mark** this point **F**.
- *Points B-F*
    - **Connect** points **B** and **F** with a straight line.

Dart
- *Point G*
    - **Get** the center (midpoint) of the line connecting points **B** and **F**. **Mark** this point **G**. This is where the center of the dart will fall.

- *Point H*
  - From point **G**, **square** or **draw** a straight line from the slant line connecting points **B** and **F** using an L-shaped ruler or a triangle ruler **going down** 4 1/2 inches (11.5 cm). **Mark** this point **H**.
- *Point I*
  - From point **G**, **go** (to the left) 1/2 of an inch (1.3 cm). **Mark** this point **I**.
- *Point J*
  - From point **G**, **go** (to the right) 1/2 of an inch (1.3 cm). **Mark** this point **J**.
- *Points I-H*
  - **Connect** points **I** and **H** with a straight line.
- *Points J-H*
  - **Connect** points **J** and **H** with a straight line.

Hip Level

- *Point K*
  - From point **B**, **go down**…
    - 6 inches (15.0 cm) for an extra small figure
    - 6 1/2 inches (16.5 cm) for a small figure
    - 7 inches (18.0 cm) for a medium figure
    - 7 1/2 inches (19.0 cm) for a large figure
    - 8 inches (20.0 cm) for an extra large figure
    - 8 1/2 inches (21.5 cm) for a double extra large figure
  - **Mark** this point **K**.
  - From point **K**, **square** or **draw** a straight horizontal line (to the right) until the end of the pattern paper. This straight horizontal line is the "hip level".
- *Point L*
  - From point **K**, **go** (to the right) 1/4 of the hip measurement. **Mark** this point **L**.
- *Point M*
  - From point **L**, **go** (to the right) 1/2 of an inch (1.3 cm). **Mark** this point **M**.

Rise/Crotch Level

- *Point N*
  - From point **B**, **go down** the length of the rise/crotch level measurement. **Mark** this point **N**.
  - From point **N**, **square** or **draw** a straight horizontal line (to the right) until the end of the pattern paper. This straight horizontal line is the "rise/crotch level".

Center Back
- *Point O*
    - From point **F**, **draw** a straight line to point **M** and **continue drawing** the line downwards until the rise/crotch level. **Get** the intersection of this line and the rise/crotch level. **Mark** this point **O**.
- *Point P*
    - From point **O**, **go** (to the right) 1/8 of the hip measurement. **Mark** this point **P**.
- *Point Q*
    - **Measure** the length of points **O** to **P** using a tape measure, then **fold** the length of the points on the tape measure into 3 equal parts to get 1/3 of the length of the points. From point **P**, **go** (to the left) 1/3 of the length of the points. **Mark** this point **Q**.
- *Point R*
    - From point **Q**, **square** or **draw** a straight vertical line (downwards) until the desired length of the pants. **Mark** this point **R**.
- *Point S*
    - From point **Q**, **go down** 1/4 of an inch (0.6 cm). **Mark** this point **S**.
    - From point **S**, **square** or **draw** a broken horizontal line (to the left) until under point **O**.
- *Points M-S*
    - **To shape back rise/crotch**: From point **S**, **draw** a straight horizontal line (to the left) measuring 1 inch (2.5 cm) to 1 1/2 inches (4.0 cm) (if the buttocks are fuller) along the broken horizontal line. Using free hand, **continue drawing** a round curve line to point **M**.

Grain Line or Pressing Line
- *Point T*
    - **Get** the center (midpoint) of the line connecting points **C** and **R**. **Mark** this point **T**.
    - From point **T**, **square** or **draw** a straight vertical line (upwards) until the rise/crotch level. This straight vertical line is the "grain line" or "pressing line".

Knee
- *Point U*
    - **Get** the center (midpoint) of the line connecting points **N** and **C**. **Mark** this point **U**.
    - From point **U**, **square** or **draw** a straight horizontal line (to the right) until the end of the pattern paper. This straight horizontal line is the "knee level".

- *Point V*
  - **Get** the intersection of the knee level and the grain line from point **T**. **Mark** this point **V**.
- *Point V1*
  - From point **V**, **go** (to the left) 1/4 of the desired knee circumference. **Mark** this with a temporary point. From this temporary point, **add** 1/4 of an inch (0.6 cm). **Mark** this point **V1**. **Cross out** the temporary point.
- *Point V2*
  - From point **V**, **go** (to the right) 1/4 of the desired knee circumference. **Mark** this with a temporary point. From this temporary point, **add** 1/4 of an inch (0.6 cm). **Mark** this point **V2**. **Cross out** the temporary point.

Circumference of the Ankle
- *Point T1*
  - From point **T**, **go** (to the left) 1/4 of the desired circumference of the ankle. **Mark** this with a temporary point. From this temporary point, **add** 1/4 of an inch (0.6 cm). **Mark** this point **T1**. **Cross out** the temporary point.
- *Point T2*
  - From point **T**, **go** (to the right) 1/4 of the desired circumference of the ankle. **Mark** this with a temporary point. From this temporary point, **add** 1/4 of an inch (0.6 cm). **Mark** this point **T2**. **Cross out** the temporary point.

Shaping the Side Seams
- *Points T1-V1*
  - **Connect** points **T1** and **V1** with the straight line.
- *Points T2-V2*
  - **Connect** points **T2** and **V2** with the straight line.
- *Points S-V2*
  - **Connect** points **S** and **V2** with a slightly round curve using the concave (hollow) part of the curve ruler.

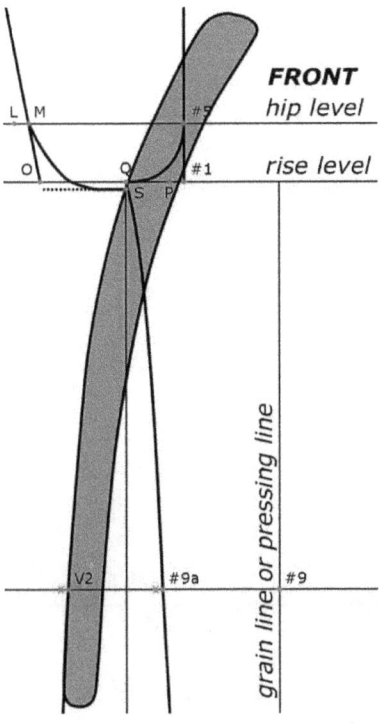

- *Points B-K*
  - **Connect** points **B** and **K** with a slightly round curve using the convex (round) part of the curve ruler.

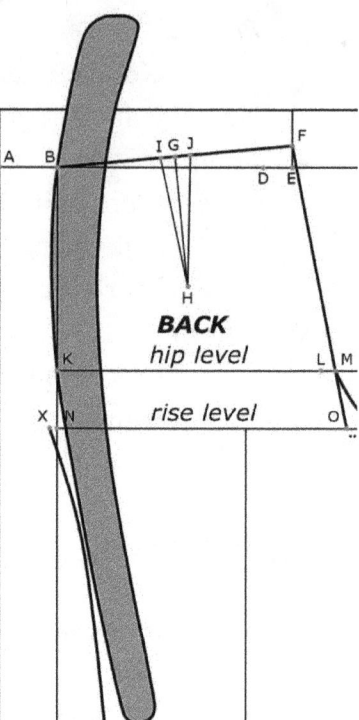

- *Point X*
  - From point **N**, **go** (to the left) 1/4 of an inch (0.6 cm). **Mark** this point **X**.

- *Points X-V1*
  - **Connect** points **X** and **V1** with a slightly round curve using the concave (hollow) part of the curve ruler.

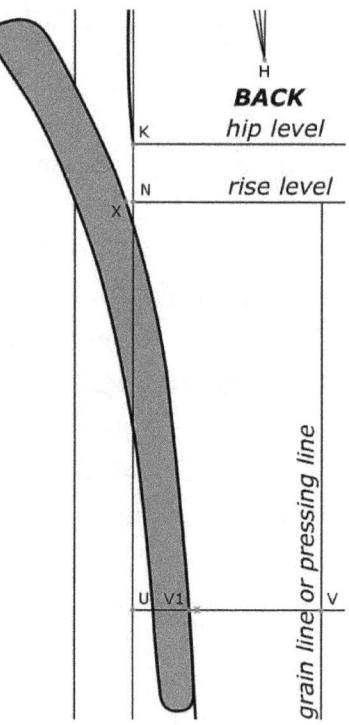

Final Shaping of the Side Seams

- From point **K**, **continue drawing** a curve line to align with most of the curve of points **X** to **V1** using the slightly convex (round) part of a curve ruler. This is to **blend** or **smoothen** the adjusted line (side seam) because there shouldn't be any sharp, uneven connecting lines. The adjusted line is represented with a broken line in the illustration for clarity. Though the slightly convex (round) side of the curve ruler is used to blend or smoothen the line, please observe that the line is almost straight. This is to avoid any unwanted bulkiness in the hip area of the side seam.

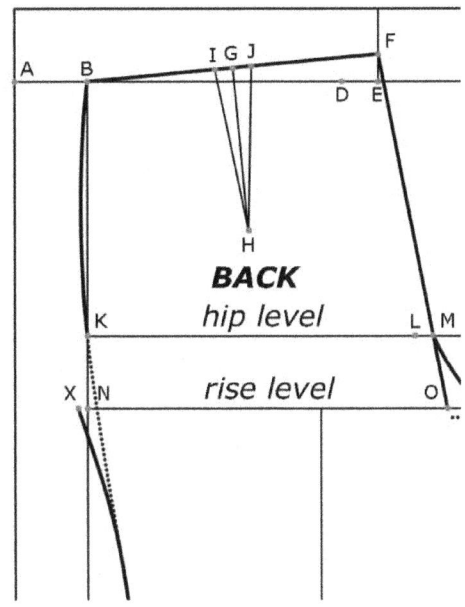

FRONT PATTERN

Waist

- *Point #1*
    - From point **P**, **go** (to the right) 1/2 of an inch (1.3 cm). **Mark** this point **#1**.
- *Point #2*
    - From point **#1**, **square** or **draw** a straight vertical line (upwards) until the waist level. **Mark** this point **#2**.
- *Point #3*
    - From point **#2**, **go** (to the right) 1/4 of an inch (0.6 cm). **Mark** this point **#3**.
- *Point #4*
    - From point **#3**, **go** (to the right) 1/4 of the waist measurement. **Mark** this point **#4**.
- *Points #2-#4*
    - **Connect** points **#2** and **#4** with the straight line.

Hip Level

- *Point #5*
    - **Get** the intersection of the hip level and the line connecting points **#1** and **#2**. **Mark** this point **#5**.

Hip Measurement

- *Point #6*
    - From point **#5**, **go** (to the right) 1/4 of the hip measurement. **Mark** this with a temporary point. From this temporary point, **subtract** 1/2 of an inch (1.3 cm). **Mark** this point **#6**. **Cross out** the temporary point.

Shape of the Front Rise

- *Points #5-Q*
    - Using free hand, **connect** points **#5** and **Q** with a round curve line.

Guideline for the Side Seam

- *Point #7*
    - From point **#6**, **square** or **draw** a straight vertical line (downwards) until the desired length of the pants. **Mark** this point **#7**.

Grain Line or Pressing Line

- *Point #8*
    - **Get** the center (midpoint) of the line connecting points **R** and **#7**. **Mark** this point **#8**.

- From point **#8**, **square** or **draw** a straight vertical line (upwards) until the rise/crotch level. This straight vertical line is the "grain line" or "pressing line".

Knee
- *Point #9*
  - **Get** the intersection of the knee level and the grain line from point **#8**. **Mark** this point **#9**.
- *Point #9a*
  - From point **#9**, **go** (to the left) 1/4 of the desired knee circumference. **Mark** this with a temporary point. From this temporary point, **subtract** 1/4 of an inch (0.6 cm). **Mark** this point **#9a**. **Cross out** the temporary point.
- *Point #9b*
  - From point **#9**, **go** (to the right) 1/4 of the desired knee circumference. **Mark** this with a temporary point. From this temporary point, **subtract** 1/4 of an inch (0.6 cm). **Mark** this point **#9b**. **Cross out** the temporary point.

Circumference of the Ankle
- *Point #8a*
  - From point **#8**, **go** (to the left) 1/4 of the desired circumference of the ankle. **Mark** this with a temporary point. From this temporary point, **subtract** 1/4 of an inch (0.6 cm). **Mark** this point **#8a**. **Cross out** the temporary point.
- *Point #8b*
  - From point **#8**, **go** (to the right) 1/4 of the desired circumference of the ankle. **Mark** this with a temporary point. From this temporary point, **subtract** 1/4 of an inch (0.6 cm). **Mark** this point **#8b**. Cross out the temporary point.

Shaping the Side Seams
- *Points #9a-#8a*
  - **Connect** points **#9a** and **#8a** with a straight line.
- *Points #9b-#8b*
  - **Connect** points **#9b** and **#8b** with a straight line.

- *Points Q-#9a*
    - **Connect** points **Q** and **#9a** with the slightly concave (hollow) part of the curve ruler.

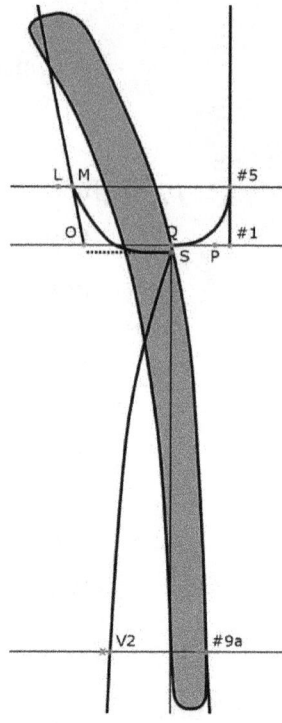

- *Points #4-#6*
    - **Connect** points **#4** and **#6** with a round curve using the convex (round) part of the curve ruler.

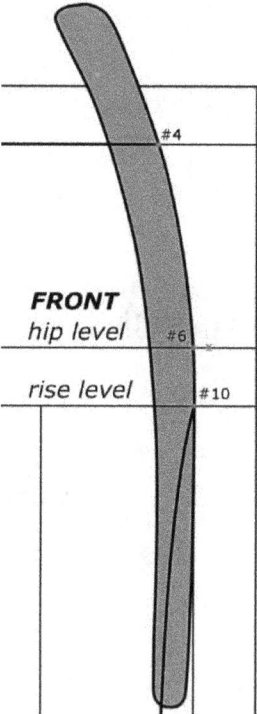

- *Point #10*
    - **Get** the intersection of the rise/crotch level and the line connecting points **#6** and **#7**. **Mark** this point **#10**.

- *Points #10-#9b*
  - **Connect** points **#10** and **#9b** with the slightly concave (hollow) part of the curve ruler.

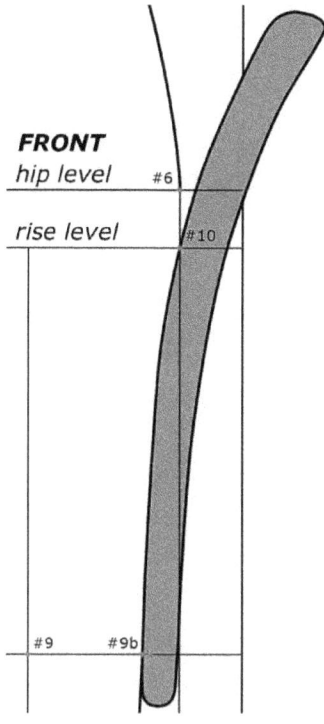

Final Shaping of the Side Seams

- From the curve of points **#4** to **#6**, **continue drawing** a curve line to align with most of the curve of points **#10** to **#9b** using the slightly convex (round) part of a curve ruler. This is to **blend** or **smoothen** the adjusted line (side seam) because there shouldn't be any sharp, uneven connecting lines. The adjusted line is represented with a broken line in the illustration for clarity. Though the slightly convex (round) side of the curve ruler is used to blend or smoothen the line, please observe that the line is almost straight. This is to avoid any unwanted bulkiness in the hip area of the side seam.

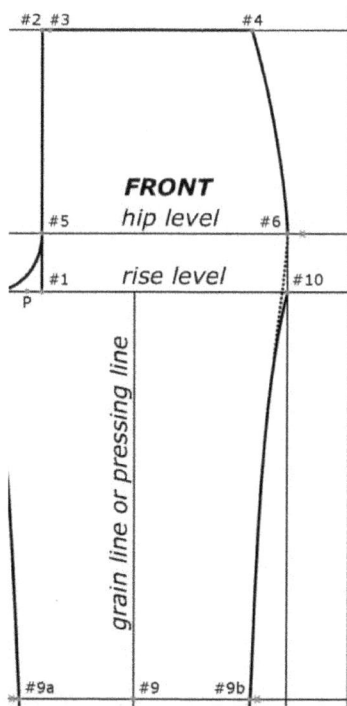

Slide Pocket (Basic Pants)

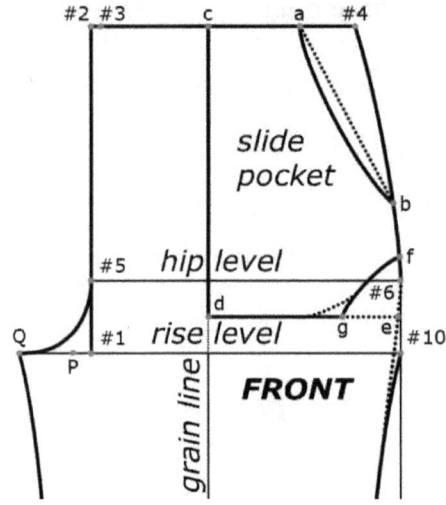

- *Point a*
    - From point **#4** (the corner of the waistline), **go** (to the left) 1 1/2 inches (4.0 cm) or 2 inches (5.0 cm). **Mark** this point **a**.
- *Point b*
    - From point **#4**, **go down** 5 inches (12.5 cm) along the outline of the side seam or depending on the desired length of the slide pocket opening. **Mark** this point **b**.
- *Points a-b*
    - **Connect** points **a** and **b** with a round curve line or a straight broken line depending on the desired shape of the slide pocket.
- *Point c*
    - From the rise/crotch level, **extend** the grain line until the waist level. **Get** the intersection of grain line and the waist level. **Mark** this point **c**.
- *Point d*
    - From point **c**, **go down** until the middle of the hip level and the rise/crotch level or depending on the desired depth of the pocket. **Mark** this point **d**.
- *Point e*
    - From point **d**, **square** or **draw** (to the right) a straight horizontal line until the side seam (broken line). **Mark** this point **e**.
- *Point f*
    - From point **b**, **go down** 1 1/2 inches (4.0 cm) along the outline of the side seam. **Mark** this point **f**.
- *Point g*
    - From point **e**, **go** (to the left) 1 1/2 inches (4.0 cm). **Mark** this point **g**.

- *Points f-g*
  - **Connect** points **f** and **g** with a round curve line. Then **reshape** the area of point **g** as drawn with a broken curve line in the illustration. The broken curve line will be part of the pocket.

To Transfer Pocket Pattern to a Separate Pattern Paper

- **Get** a pattern paper measuring:
  - Width: 16 inches (40.5 cm)
  - Length: 12 inches (30.5 cm)

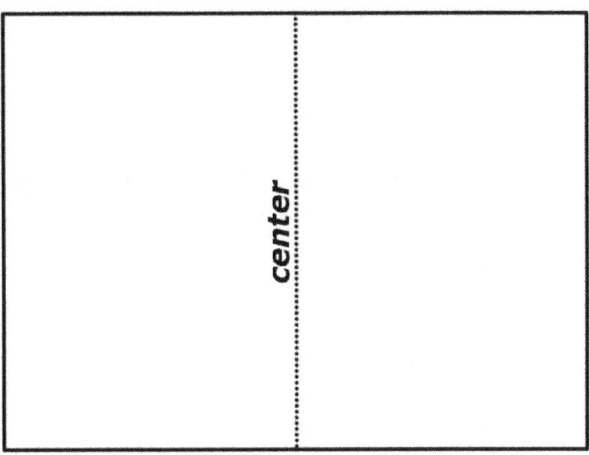

- **Fold** at the center of the width.

- **Place** the prepared pattern paper for the slide pocket under the front of pants pattern with the fold laying under points **c** to **d**. **Trace** the line from points **c** to **#4** to **b** to **f**. **Continue tracing** the line to the area of **g** (broken curve line) to **d**. Lastly, **trace** points **a** to **b** (following either the straight broken line or the curve line).

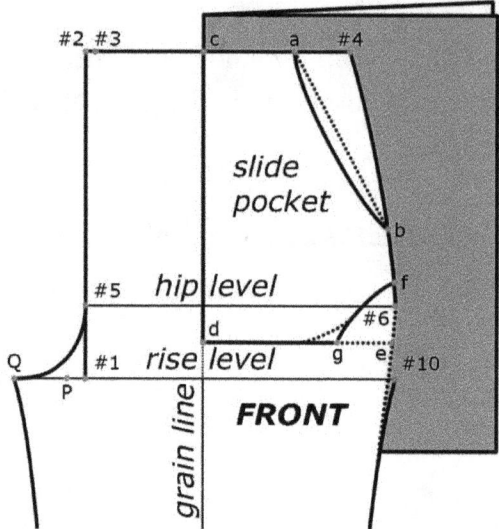

- While folded, **cut** along points **c** to **#4** to **f** to the area of **g** (broken curve line) to **d**. **Unfold** the pattern paper then **cut** the traced marks of points **a** to **b** (straight or curved) on the left side of the pattern paper. **Save** the cut portion because this will serve as the pattern for the outer facing of the slide pocket.

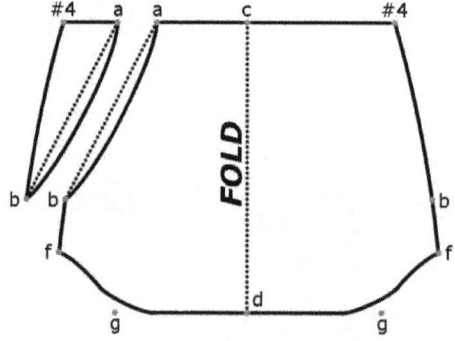

Zipper Plackets

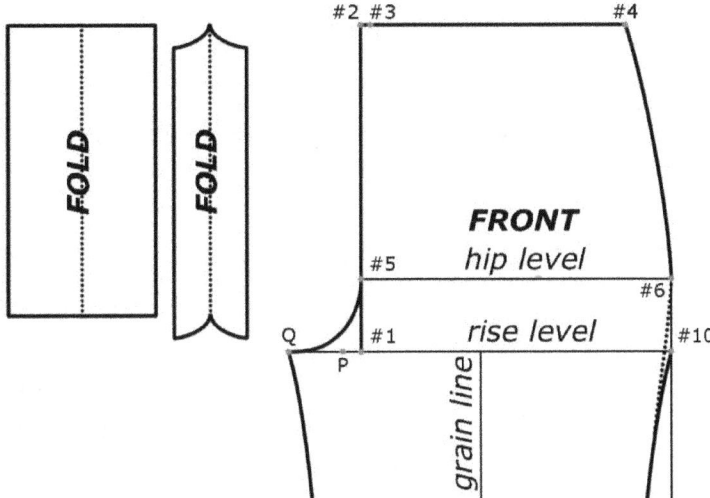

- Each placket has a width of 4 inches (10.0 cm). For the length of the placket, **get** the length equivalent to the distance of the waist level and the hip level, and **add** 1 inch (2.5 cm). **Get** the center of the width from top to bottom, and **draw** a broken straight line to represent the fold of the plackets.

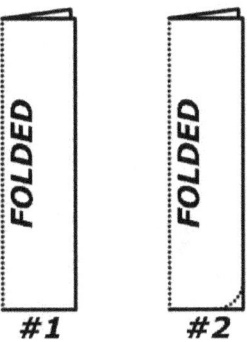

- **#1 Fly Underlap Placket**
- **#2 Fly Front Placket** (Cut off the broken curved line from the bottom corner.)

Waistband

- *Points A-B*
  - **Get** the waist line measurement. **Mark** this points **A** to **B**. **Draw** a line connecting points **A** and **B**.
- *Point C*
  - From point **B**, **add** (to the right) 3 inches (7.5 cm) for the sewing and closure allowances. **Mark** this point **C**. **Connect** points **B** and **C** with a straight line.
- *Points A-C*
  - The line from points **A** to **C** will be the fold of the waistband. **Write** "FOLD" on the line.
- *Point A1*
  - From point **A**, **square** or **draw** a straight vertical line (upwards) measuring 1 1/2 inches (4.0 cm) for the width of the waistband. **Mark** this point **A1**.
- *Point A2*
  - From point **A**, **square** or **draw** a straight vertical line (downwards) measuring 1 1/2 inches (4.0 cm). **Mark** this point **A2**.
- *Points A1-A2*
  - **Connect** points **A1** and **A2** with a straight line.
- *Point C1*
  - From point **C**, **square** or **draw** a straight vertical line (upwards) measuring 1 1/2 inches (4.0 cm) for the width of the waistband. **Mark** this point **C1**.
- *Point C2*
  - From point **C**, **square** or **draw** a straight vertical line (downwards) measuring 1 1/2 inches (4.0 cm). **Mark** this point **C2**.
- *Points C1-C2*
  - **Connect** points **C1** and **C2** with a straight line.
- *Points A1-C1*
  - **Connect** points **A1** and **C1** with a straight line.
- *Points A2-C2*
  - **Connect** points **A2** and **C2** with a straight line.

Pants With Two Front Darts

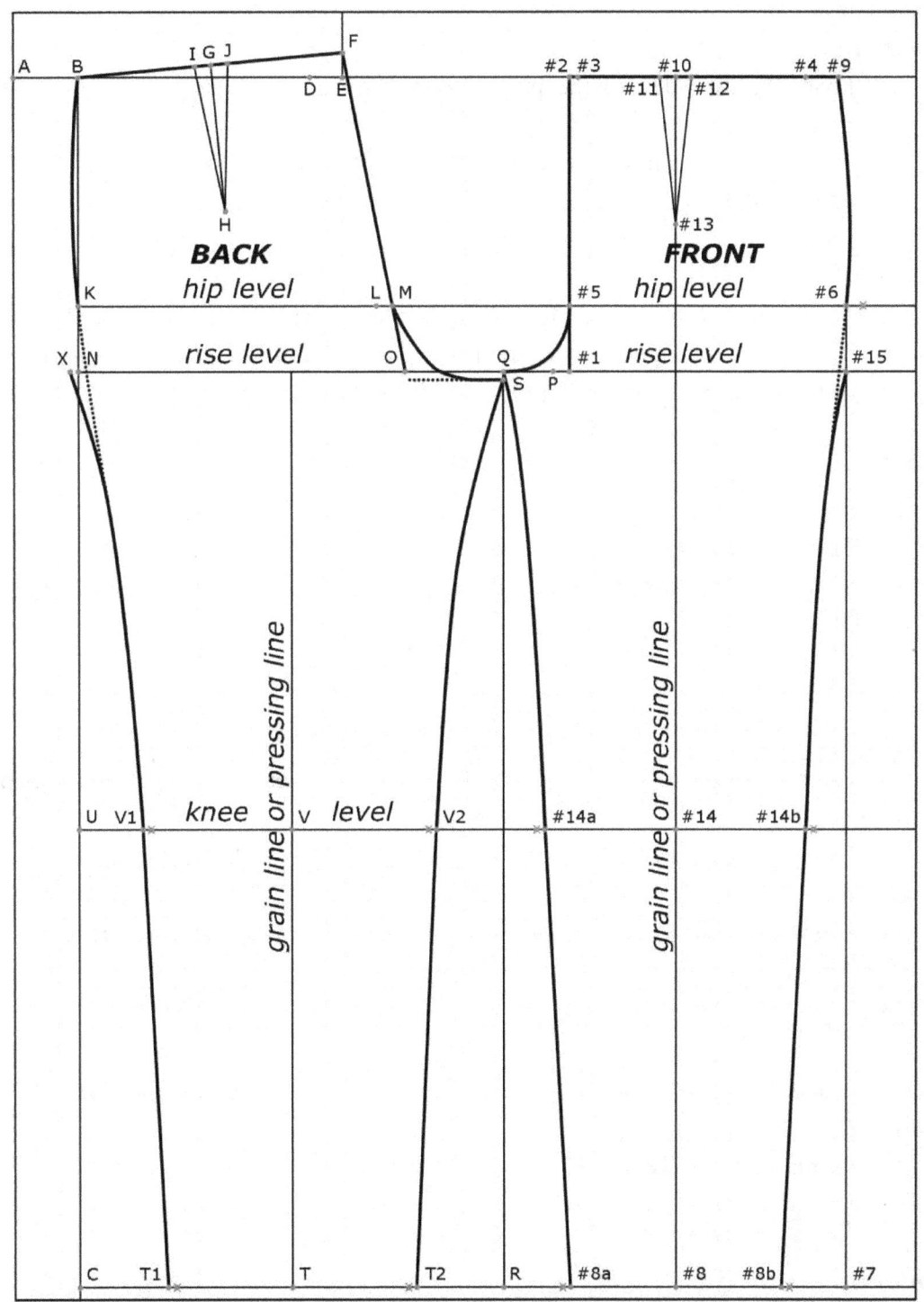

BACK PATTERN

Guideline
- *Point A*
  - From the top edge of the pattern paper, **go down** 2 inches (5.0 cm). **Mark** this point **A**.
  - From point **A**, **square** or **draw** a straight horizontal line to the right until the end of the pattern paper using an L-shaped ruler or a long straight ruler. This straight horizontal line is the "waist level".
- *Point B*
  - From point **A**, **go** (to the right) 2 inches (5.0 cm). **Mark** this point **B**.
  - From point **B**, **square** or **draw** a straight vertical line (downwards) until the end of the pattern paper using an L-shaped ruler or a long straight ruler.

Length of the Pants
- *Point C*
  - From point **B**, **go down** until the desired length of the pants. **Mark** this point **C**.
  - From point **C**, **square** or **draw** a straight horizontal line to the right until the end of the pattern paper.

Waist
- *Point D*
  - From point **B**, **go** (to the right) 1/4 of the waist measurement. **Mark** this point **D**.
- *Point E*
  - From point **D**, **add** 1 inch (2.5 cm) (to the right) for the dart allowance. **Mark** this point **E**.
  - From point **E**, **square** or **draw** a straight vertical line (upwards) until the end of the pattern paper.
- *Point F*
  - From point **E**, **go up** 3/4 of an inch (2.0 cm) for a pattern with regular buttocks or 1 inch (2.5 cm) for a pattern with fuller buttocks. **Mark** this point **F**.
- *Points B-F*
  - **Connect** points **B** and **F** with a straight line.

Dart
- *Point G*
  - **Get** the center (midpoint) of the line connecting points **B** and **F**. **Mark** this point **G**. This is where the center of the dart will fall.

- *Point H*
    - From point **G**, **square** or **draw** a straight line from the slant line connecting points **B** and **F** using an L-shaped ruler or a triangle ruler **going down** 4 1/2 inches (11.5 cm). **Mark** this point **H**.
- *Point I*
    - From point **G, go** (to the left) 1/2 of an inch (1.3 cm). **Mark** this point **I**.
- *Point J*
    - From point **G, go** (to the right) 1/2 of an inch (1.3 cm). **Mark** this point **J**.
- *Points I-H*
    - **Connect** points **I** and **H** with a straight line.
- *Points J-H*
    - **Connect** points **J** and **H** with a straight line.

Hip Level
- *Point K*
    - From point **B, go down**…
        - 6 inches (15.0 cm) for an extra small figure
        - 6 1/2 inches (16.5 cm) for a small figure
        - 7 inches (18.0 cm) for a medium figure
        - 7 1/2 inches (19.0 cm) for a large figure
        - 8 inches (20.0 cm) for an extra large figure
        - 8 1/2 inches (21.5 cm) for a double extra large figure
    - **Mark** this point **K**.
    - From point **K**, **square** or **draw** a straight horizontal line (to the right) until the end of the pattern paper. This straight horizontal line is the "hip level".
- *Point L*
    - From point **K, go** (to the right) 1/4 of the hip measurement. **Mark** this point **L**.
- *Point M*
    - From point **L, go** (to the right) 1/2 of an inch (1.3 cm). **Mark** this point **M**.

Rise/Crotch Level
- *Point N*
    - From point **B, go down** the length of the rise/crotch level measurement. **Mark** this point **N**.
    - From point **N**, **square** or **draw** a straight horizontal line (to the right) until the end of the pattern paper. This straight horizontal line is the "rise/crotch level".

Center Back
- *Point O*
    - From point **F**, **draw** a straight line to point **M** and **continue drawing** the line downwards until the rise/crotch level. **Get** the intersection of this line and the rise/crotch level. **Mark** this point **O**.
- *Point P*
    - From point **O**, **go** (to the right) 1/8 of the hip measurement. **Mark** this **P**.
- *Point Q*
    - **Measure** the length of points **O** to **P** using a tape measure, then **fold** the length of the points on the tape measure into 3 equal parts to get 1/3 of the length of the points. From point **P**, **go** (to the left) 1/3 of the length of the points. **Mark** this point **Q**.
- *Point R*
    - From point **Q**, **square** or **draw** a straight vertical line (downwards) until the desired length of the pants. **Mark** this point **R**.
- *Point S*
    - From point **Q**, **go down** 1/4 of an inch (0.6 cm). **Mark** this point **S**.
    - From point **S**, **square** or **draw** a broken horizontal line (to the left) until under point **O**.
- *Points M-S*
    - **To shape back rise/crotch**: From point **S**, **draw** a straight horizontal line (to the left) measuring 1 inch (2.5 cm) to 1 1/2 inches (4.0 cm) (if the buttocks are fuller) along the broken horizontal line. Using free hand, **continue drawing** a round curve line to point **M**.

Grain Line or Pressing Line
- *Point T*
    - **Get** the center (midpoint) of the line connecting points **C** and **R**. **Mark** this point **T**.
    - From point **T**, **square** or **draw** a straight vertical line (upwards) until the rise/crotch level. This straight vertical line is the "grain line" or "pressing line".

Knee
- *Point U*
    - **Get** the center (midpoint) of the line connecting points **N** and **C**. **Mark** this point **U**.
    - From point **U**, **square** or **draw** a straight horizontal line (to the right) until the end of the pattern paper. This straight horizontal line is the "knee level".

- *Point V*
  - **Get** the intersection of the knee level and the grain line from point **T**. **Mark** this point **V**.
- *Point V1*
  - From point **V**, **go** (to the left) 1/4 of the desired knee circumference. **Mark** this with a temporary point. From this temporary point, **add** 1/4 of an inch (0.6 cm). **Mark** this point **V1**. **Cross out** the temporary point.
- *Point V2*
  - From point **V**, **go** (to the right) 1/4 of the desired knee circumference. **Mark** this with a temporary point. From this temporary point, **add** 1/4 of an inch (0.6 cm). **Mark** this point **V2**. **Cross out** the temporary point.

Circumference of the Ankle
- *Point T1*
  - From point **T**, **go** (to the left) 1/4 of the desired circumference of the ankle. **Mark** this with a temporary point. From this temporary point, **add** 1/4 of an inch (0.6 cm). **Mark** this point **T1**. **Cross out** the temporary point.
- *Point T2*
  - From point **T**, **go** (to the right) 1/4 of the desired circumference of the ankle. **Mark** this with a temporary point. From this temporary point, **add** 1/4 of an inch (0.6 cm). **Mark** this point **T2**. **Cross out** the temporary point.

Shaping the Side Seams
- *Points T1-V1*
  - **Connect** points **T1** and **V1** with the straight line.
- *Points T2-V2*
  - **Connect** points **T2** and **V2** with the straight line.
- *Points S-V2*
  - **Connect** points **S** and **V2** with a slightly round curve using the concave (hollow) part of the curve ruler.
- *Points B-K*
  - **Connect** points **B** and **K** with a slightly round curve using the convex (round) part of the curve ruler.
- *Point X*
  - From point **N**, **go** (to the left) 1/4 of an inch (0.6 cm). **Mark** this point **X**.
- *Points X-V1*
  - **Connect** points **X** and **V1** with a slightly round curve using the concave (hollow) part of the curve ruler.

Final Shaping of the Side Seams

- From point **K**, **continue drawing** a curve line to align with most of the curve of points **X** to **V1** using the slightly convex (round) part of a curve ruler. This is to **blend** or **smoothen** the adjusted line (side seam) because there shouldn't be any sharp, uneven connecting lines. The adjusted line is represented with a broken line in the illustration for clarity. Though the slightly convex (round) side of the curve ruler is used to blend or smoothen the line, please observe that the line is almost straight. This is to avoid any unwanted bulkiness in the hip area of the side seam.

FRONT PATTERN

Waist
- *Point #1*
  - From point **P**, **go** (to the right) 1/2 of an inch (1.3 cm). **Mark** this point **#1**.
- *Point #2*
  - From point **#1**, **square** or **draw** a straight vertical line (upwards) until the waist level. **Mark** this point **#2**.
- *Point #3*
  - From point **#2**, **go** (to the right) 1/4 of an inch (0.6 cm). **Mark** this point **#3**.
- *Point #4*
  - From point **#3**, **go** (to the right) 1/4 of the waist measurement. **Mark** this point **#4**.

Hip Level
- *Point #5*
  - **Get** the intersection of the hip level and the line connecting points **#1** and **#2**. **Mark** this point **#5**.

Hip Measurement
- *Point #6*
  - From point **#5**, **go** (to the right) 1/4 of the hip measurement. **Mark** this with a temporary point. From this temporary point, **subtract** 1/2 of an inch (1.3 cm). **Mark** this point **#6**. **Cross out** the temporary point.

Shape of the Front Rise
- *Points #5-Q*
  - Using free hand, **connect** points **#5** and **Q** with a round curve line.

Guideline for the Side Seam
- *Point #7*
  - From point **#6**, **square** or **draw** a straight vertical line (downwards) until the desired length of the pants. **Mark** this point **#7**.

Grain Line or Pressing Line
- *Point #8*
  - **Get** the center (midpoint) of the line connecting points **R** and **#7**. **Mark** this point **#8**.
  - From point **#8**, **square** or **draw** a straight vertical line (upwards) until the waistline level. This straight vertical line is the "grain line" or "pressing line".

Dart

- *Point #9*
  - **From** point **#4**, **go** (to the right) 1 inch (2.5 cm) for the dart allowance. **Mark** this point **#9**.
- *Points #2-#9*
  - **Connect** points **#2** and **#9** with the straight line.
- *Point #10*
  - **Get** the intersection of the waist level and the grain line from point **#8**. **Mark** this point **#10**. This is where the center of the dart will fall.
- *Point #11*
  - From point **#10**, **go** (to the left) 1/2 of an inch (1.3 cm). **Mark** this point **#11**.
- *Point #12*
  - From point **#10**, **go** (to the right) 1/2 of an inch (1.3 cm). **Mark** this point **#12**.
- *Point #13*
  - From point **#10**, **go down** 4 1/2 inches (11.5 cm). **Mark** this point **#13**.
- *Points #11-#13*
  - **Connect** points **#11** and **#13** with a straight line.
- *Points #12-#13*
  - **Connect** points **#12** and **#13** with a straight line.

Knee

- *Point #14*
  - **Get** the intersection of the knee level and the grain line from point **#8**. **Mark** this point **#14**.
- *Point #14a*
  - From point **#14**, **go** (to the left) 1/4 of the desired knee circumference. **Mark** this with a temporary point. From this temporary point, **subtract** 1/4 of an inch (0.6 cm). **Mark** this point **#14a**. **Cross out** the temporary point.
- *Point #14b*
  - From point **#14**, **go** (to the right) 1/4 of the desired knee circumference. **Mark** this with a temporary point. From this temporary point, **subtract** 1/4 of an inch (0.6 cm). **Mark** this point **#14b**. **Cross out** the temporary point.

Circumference of the Ankle

- *Point #8a*
  - From point **#8**, **go** (to the left) 1/4 of the desired circumference of the ankle. **Mark** this with a temporary point. From this temporary point, **subtract** 1/4 of an inch (0.6 cm). **Mark** this point **#8a**. **Cross out** the temporary point.

- *Point #8b*
  - From point **#8**, **go** (to the right) 1/4 of the desired circumference of the ankle. **Mark** this with a temporary point. From this temporary point, **subtract** 1/4 of an inch (0.6 cm). **Mark** this point **#8b**. **Cross out** the temporary point.

Shaping the Side Seams
- *Points #14a-#8a*
  - **Connect** points **#14a** and **#8a** with a straight line.
- *Points #14b-#8b*
  - **Connect** points **#14b** and **#8b** with a straight line.
- *Points Q-#14a*
  - **Connect** points **Q** and **#14a** with the slightly concave (hollow) part of the curve ruler.
- *Points #9-#6*
  - **Connect** points **#9** and **#6** with a round curve using the convex (round) part of the curve ruler.
- *Point #15*
  - **Get** the intersection of the rise/crotch level and the line connecting points **#6** and **#7**. **Mark** this point **#15**.
- *Points #15-#14b*
  - **Connect** points **#15** and **#14b** with the slightly concave (hollow) part of the curve ruler.

Final Shaping of the Side Seams
- From point **#6**, **continue drawing** a curve line to align with most of the curve of points **#15** to **#14b** using the slightly convex (round) part of a curve ruler. This is to **blend** or **smoothen** the adjusted line (side seam) because there shouldn't be any sharp, uneven connecting lines. The adjusted line is represented with a broken line in the illustration for clarity. Though the slightly convex (round) side of the curve ruler is used to blend or smoothen the line, please observe that the line is almost straight. This is to avoid any unwanted bulkiness in the hip area of the side seam.

Pants With Four Front Darts

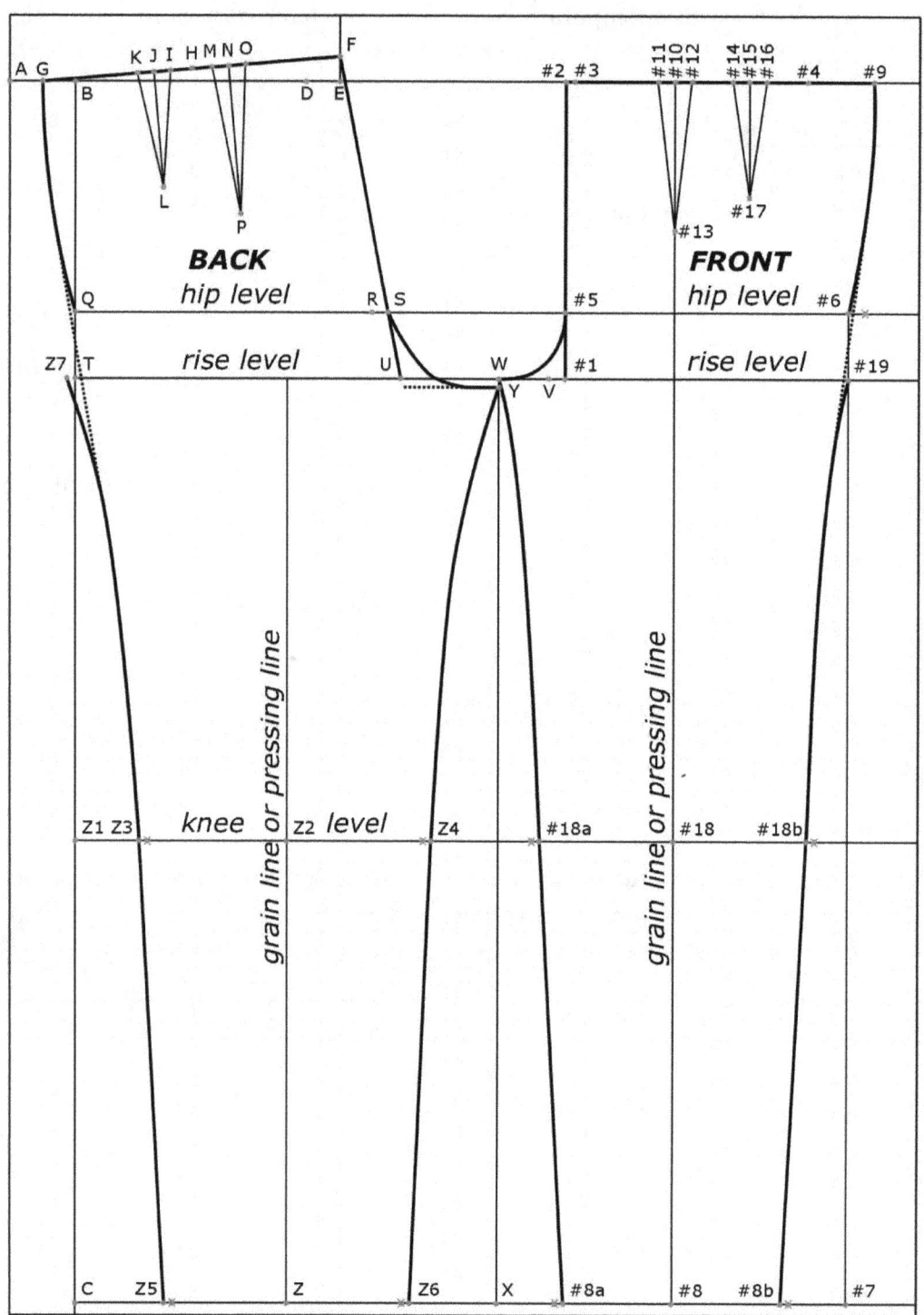

BACK PATTERN

Guideline
- *Point A*
    - From the top edge of the pattern paper, **go down** 2 inches (5.0 cm). **Mark** this point **A**.
    - From point **A**, **square** or **draw** a straight horizontal line to the right until the end of the pattern paper using an L-shaped ruler or a long straight ruler. This straight horizontal line is the "waist level".
- *Point B*
    - From point **A**, **go** (to the right) 2 inches (5.0 cm). **Mark** this point **B**.
    - From point **B**, **square** or **draw** a straight vertical line (downwards) until the end of the pattern paper using an L-shaped ruler or a long straight ruler.

Length of the Pants
- *Point C*
    - From point **B**, **go down** until the desired length of the pants. **Mark** this point **C**.
    - From point **C**, **square** or **draw** a straight horizontal line to the right until the end of the pattern paper.

Waist
- *Point D*
    - From point **B**, **go** (to the right) 1/4 of the waist measurement. **Mark** this point **D**.
- *Point E*
    - From point **D**, **add** 1 inch (2.5 cm) (to the right) for the dart allowance. **Mark** this point **E**.
    - From point **E**, **square** or **draw** a straight vertical line (upwards) until the end of the pattern paper.
- *Point F*
    - From point **E**, **go up** 3/4 of an inch (2.0 cm) for a pattern with regular buttocks or 1 inch (2.5 cm) for a pattern with fuller buttocks. **Mark** this point **F**.
- *Point G*
    - From point **B**, **go** (to the left) 1 inch (2.5 cm) for the second dart allowance. **Mark** this point **G**.
- *Points G-F*
    - **Connect** points **G** and **F** with a straight line.

Center of the Waist
- *Point H*
  - **Get** the center (midpoint) of the line connecting points **G** and **F**. **Mark** this point **H**.

First Dart
- *Point I*
  - From point **H**, **go** (to the left) 5/8 of an inch (1.7 cm). **Mark** this point **I**.
- *Point J*
  - From point **I**, **go** (to the left) 1/2 of an inch (1.3 cm). **Mark** this point **J**. This is where the center of the dart will fall.
- *Point K*
  - From point **J**, **go** (to the left) 1/2 of an inch (1.3 cm). **Mark** this point **K**.
- *Point L*
  - From point **J**, **square** or **draw** a straight line from the slant line connecting points **G** and **F** using an L-shaped ruler or a triangle ruler **going down** 3 1/2 inches (8.5 cm). **Mark** this point **L**.
- *Points I-L*
  - **Connect** points **I** and **L** with a straight line.
- *Points K-L*
  - **Connect** points **K** and **L** with a straight line.

Second Dart
- *Point M*
  - From point **H**, **go** (to the right) 5/8 of an inch (1.7 cm). **Mark** this point **M**.
- *Point N*
  - From point **M**, **go** (to the right) 1/2 of an inch (1.3 cm). **Mark** this point **N**. This is where the center of the dart will fall.
- *Point O*
  - From point **N**, **go** (to the right) 1/2 of an inch (1.3 cm). **Mark** this point **O**.
- *Point P*
  - From point **N**, **square** or **draw** a straight line from the slant line connecting points **G** and **F** using an L-shaped ruler or a triangle ruler **going down** 4 1/2 inches (11.5 cm). **Mark** this point **P**.
- *Points M-P*
  - **Connect** points **M** and **P** with a straight line.
- *Points O-P*
  - **Connect** points **O** and **P** with a straight line.

Hip Level
- *Point Q*
  - From point **B**, **go down**…
    - 6 inches (15.0 cm) for an extra small figure
    - 6 1/2 inches (16.5 cm) for a small figure
    - 7 inches (18.0 cm) for a medium figure
    - 7 1/2 inches (19.0 cm) for a large figure
    - 8 inches (20.0 cm) for an extra large figure
    - 8 1/2 inches (21.5 cm) for a double extra large figure
  - **Mark** this point **Q**.
  - From point **Q**, **square** or **draw** a straight horizontal line (to the right) until the end of the pattern paper. This straight horizontal line is the "hip level".
- *Point R*
  - From point **Q**, **go** (to the right) 1/4 of the hip measurement. **Mark** this point **R**.
- *Point S*
  - From point **R**, **go** (to the right) 1/2 of an inch (1.3 cm). **Mark** this point **S**.

Rise/Crotch Level
- *Point T*
  - From point **B**, **go down** the length of the rise/crotch level measurement. **Mark** this point **T**.
  - From point **T**, **square** or **draw** a straight horizontal line (to the right) until the end of the pattern paper. This straight horizontal line is the "rise/crotch level".

Center Back
- *Point U*
  - From point **F**, **draw** a straight line to point **S** and **continue drawing** the line downwards until the rise/crotch level. **Get** the intersection of this line and the rise/crotch level. **Mark** this point **U**.
- *Point V*
  - From point **U**, **go** (to the right) 1/8 of the hip measurement. **Mark** this **V**.
- *Point W*
  - **Measure** the length of points **U** to **V** using a tape measure, then **fold** the length of the points on the tape measure into 3 equal parts to get 1/3 of the length of the points. From point **V**, **go** (to the left) 1/3 of the length of the points. **Mark** this point **W**.
- *Point X*
  - From point **W**, **square** or **draw** a straight vertical line (downwards) until the desired length of the pants. **Mark** this point **X**.

- *Point Y*
  - From point **W**, **go down** 1/4 of an inch (0.6 cm). **Mark** this point **Y**.
  - From point **Y**, **square** or **draw** a broken horizontal line (to the left) until under point **U**.
- *Points S-Y*
  - **To shape back rise/crotch**: From point **Y**, **draw** a straight horizontal line (to the left) measuring 1 inch (2.5 cm) to 1 1/2 inches (4.0 cm) (if the buttocks are fuller) along the broken horizontal line. Using free hand, **continue drawing** a round curve line to point **S**.

Grain Line or Pressing Line
- *Point Z*
  - **Get** the center (midpoint) of the line connecting points **C** and **X**. **Mark** this point **Z**.
  - From point **Z**, **square** or **draw** a straight vertical line (upwards) until the rise/crotch level. This straight vertical line is the "grain line" or "pressing line".

Knee
- *Point Z1*
  - **Get** the center (midpoint) of the line connecting points **T** and **C**. **Mark** this point **Z1**.
  - From point **Z1**, **square** or **draw** a straight horizontal line (to the right) until the end of the pattern paper. This straight horizontal line is the "knee level".
- *Point Z2*
  - **Get** the intersection of the knee level and the grain line from point **Z**. **Mark** this point **Z2**.
- *Point Z3*
  - From point **Z2**, **go** (to the left) 1/4 of the desired knee circumference. **Mark** this with a temporary point. From this temporary point, **add** 1/4 of an inch (0.6 cm). **Mark** this point **Z3**. **Cross out** the temporary point.
- *Point Z4*
  - From point **Z2**, **go** (to the right) 1/4 of the desired knee circumference. **Mark** this with a temporary point. From this temporary point, **add** 1/4 of an inch (0.6 cm). **Mark** this point **Z4**. **Cross out** the temporary point.

Circumference of the Ankle
- *Point Z5*
  - From point **Z**, **go** (to the left) 1/4 of the desired circumference of the ankle. **Mark** this with a temporary point. From this temporary point, **add** 1/4 of an inch (0.6 cm). **Mark** this point **Z5**. **Cross out** the temporary point.

- *Point Z6*
    - From point **Z**, **go** (to the right) 1/4 of the desired circumference of the ankle. **Mark** this with a temporary point. From this temporary point, **add** 1/4 of an inch (0.6 cm). **Mark** this point **Z6**. **Cross out** the temporary point.

Shaping the Side Seams

- *Points Z3-Z5*
    - **Connect** points **Z3** and **Z5** with the straight line.
- *Points Z4-Z6*
    - **Connect** points **Z4** and **Z6** with the straight line.
- *Points Y-Z4*
    - **Connect** points **Y** and **Z4** with a slightly round curve using the concave (hollow) part of the curve ruler.
- *Points G-Q*
    - **Connect** points **G** and **Q** with a slightly round curve using the convex (round) part of the curve ruler.
- *Point Z7*
    - From point **T**, **go** (to the left) 1/4 of an inch (0.6 cm). **Mark** this point **Z7**.
- *Points Z7-Z3*
    - **Connect** points **Z7** and **Z3** with a slightly round curve using the concave (hollow) part of the curve ruler.

Final Shaping of the Side Seams

- **Blend** or **smoothen** the curve of points **G** to **Q** and the curve of points **Z3** to **Z7** using the slightly convex (round) part of a curve ruler to form a smooth curve for the side seam. The adjusted line is represented with a broken line in the illustration for clarity. Though the slightly convex (round) side of the curve ruler is used to blend or smoothen the line, please observe that the line is almost straight. This is to avoid any unwanted bulkiness in the hip area of the side seam.

FRONT PATTERN

Waist
- *Point #1*
    - From point **V**, **go** (to the right) 1/2 of an inch (1.3 cm). **Mark** this point **#1**.
- *Point #2*
    - From point **#1**, **square** or **draw** a straight vertical line (upwards) until the waist level. **Mark** this point **#2**.
- *Point #3*
    - From point **#2**, **go** (to the right) 1/4 of an inch (0.6 cm). **Mark** this point **#3**.
- *Point #4*
    - From point **#3**, **go** (to the right) 1/4 of the waist measurement. **Mark** this point **#4**.

Hip Level
- *Point #5*
    - **Get** the intersection of the hip level and the line connecting points **#1** and **#2**. **Mark** this point **#5**.

Hip Measurement
- *Point #6*
    - From point **#5**, **go** (to the right) 1/4 of the hip measurement. **Mark** this with a temporary point. From this temporary point, **subtract** 1/2 of an inch (1.3 cm). **Mark** this point **#6**. **Cross out** the temporary point.

Shape of the Front Rise
- *Points #5-W*
    - Using free hand, **connect** points **#5** and **W** with a round curve line.

Guideline for the Side Seam
- *Point #7*
    - From point **#6**, **square** or **draw** a straight vertical line (downwards) until the desired length of the pants. **Mark** this point **#7**.

Grain Line or Pressing Line
- *Point #8*
    - **Get** the center (midpoint) of the line connecting points **X** and **#7**. **Mark** this point **#8**.
    - From point **#8**, **square** or **draw** a straight vertical line (upwards) until the waistline level. This straight vertical line is the "grain line" or "pressing line".

First Dart
- *Point #9*
  - From point **#4**, **go** (to the right) 2 inches (5.0 cm) for the dart allowances. **Mark** this point **#9**.
- *Points #2-#9*
  - **Connect** points **#2** and **#9** with the straight line.
- *Point #10*
  - **Get** the intersection of the waist level and the grain line from point **#8**. **Mark** this point **#10**. This is where the center of the dart will fall.
- *Point #11*
  - From point **#10**, **go** (to the left) 1/2 of an inch (1.3 cm). **Mark** this point **#11**.
- *Point #12*
  - From point **#10**, **go** (to the right) 1/2 of an inch (1.3 cm). **Mark** this point **#12**.
- *Point #13*
  - From point **#10**, **go down** 4 1/2 inches (11.5 cm). **Mark** this point **#13**.
- *Points #11-#13*
  - **Connect** points **#11** and **#13** with a straight line.
- *Points #12-#13*
  - **Connect** points **#12** and **#13** with a straight line.

Second Dart
- *Point #14*
  - From point **#12**, **go** (to the right) 1 1/4 inches (3.0 cm). **Mark** this point **#14**.
- *Point #15*
  - From point **#14**, **go** (to the right) 1/2 of an inch (1.3 cm). **Mark** this point **#15**. This is where the center of the dart will fall.
- *Point #16*
  - From point **#15**, **go** (to the right) 1/2 of an inch (1.3 cm). **Mark** this point **#16**.
- *Point #17*
  - From point **#15**, **go down** 3 1/2 inches (8.5 cm). **Mark** this point **#17**.
- *Points #14-#17*
  - **Connect** points **#14** and **#17** with a straight line.
- *Points #16-#17*
  - **Connect** points **#16** and **#17** with a straight line.

Knee
- *Point #18*
  - **Get** the intersection of the knee level and the grain line from point **#8**. **Mark** this point **#18**.

- *Point #18a*
    - From point **#18**, **go** (to the left) 1/4 of the desired knee circumference. **Mark** this with a temporary point. From this temporary point, **subtract** 1/4 of an inch (0.6 cm). **Mark** this point **#18a**. **Cross out** the temporary point.
- *Point #18b*
    - From point **#18**, **go** (to the right) 1/4 of the desired knee circumference. **Mark** this with a temporary point. From this temporary point, **subtract** 1/4 of an inch (0.6 cm). **Mark** this point **#18b**. **Cross out** the temporary point.

Circumference of the Ankle

- *Point #8a*
    - From point **#8**, **go** (to the left) 1/4 of the desired circumference of the ankle. **Mark** this with a temporary point. From this temporary point, **subtract** 1/4 of an inch (0.6 cm). **Mark** this point **#8a**. **Cross out** the temporary point.
- *Point #8b*
    - From point **#8**, **go** (to the right) 1/4 of the desired circumference of the ankle. **Mark** this with a temporary point. From this temporary point, **subtract** 1/4 of an inch (0.6 cm). **Mark** this point **#8b**. **Cross out** the temporary point.

Shaping the Side Seams

- *Points #18a-#8a*
    - **Connect** points **#18a** and **#8a** with a straight line.
- *Points #18b-#8b*
    - **Connect** points **#18b** and **#8b** with a straight line.
- *Points W-#18a*
    - **Connect** points **W** and **#18a** with the slightly concave (hollow) part of the curve ruler.
- *Points #9-#6*
    - **Connect** points **#9** and **#6** with a round curve using the convex (round) part of the curve ruler.
- *Point #19*
    - **Get** the intersection of the rise/crotch level and the line connecting points **#6** and **#7**. **Mark** this point **#19**.
- *Points #19-#18b*
    - **Connect** points **#19** and **#18b** with the slightly concave (hollow) part of the curve ruler.

Final Shaping of the Side Seams

- **Blend** or **smoothen** the curve of points **#9** to **#6** and the curve of points **#19** to **#18b** using the slightly convex (round) part of a curve ruler to form a smooth curve for the side seam. The adjusted line is represented with a broken line in the illustration for clarity. Though the slightly convex (round) side of the curve ruler is used to blend or smoothen the line, please observe that the line is almost straight. This is to avoid any unwanted bulkiness in the hip area of the side seam.

Pants With Two Front Pleats

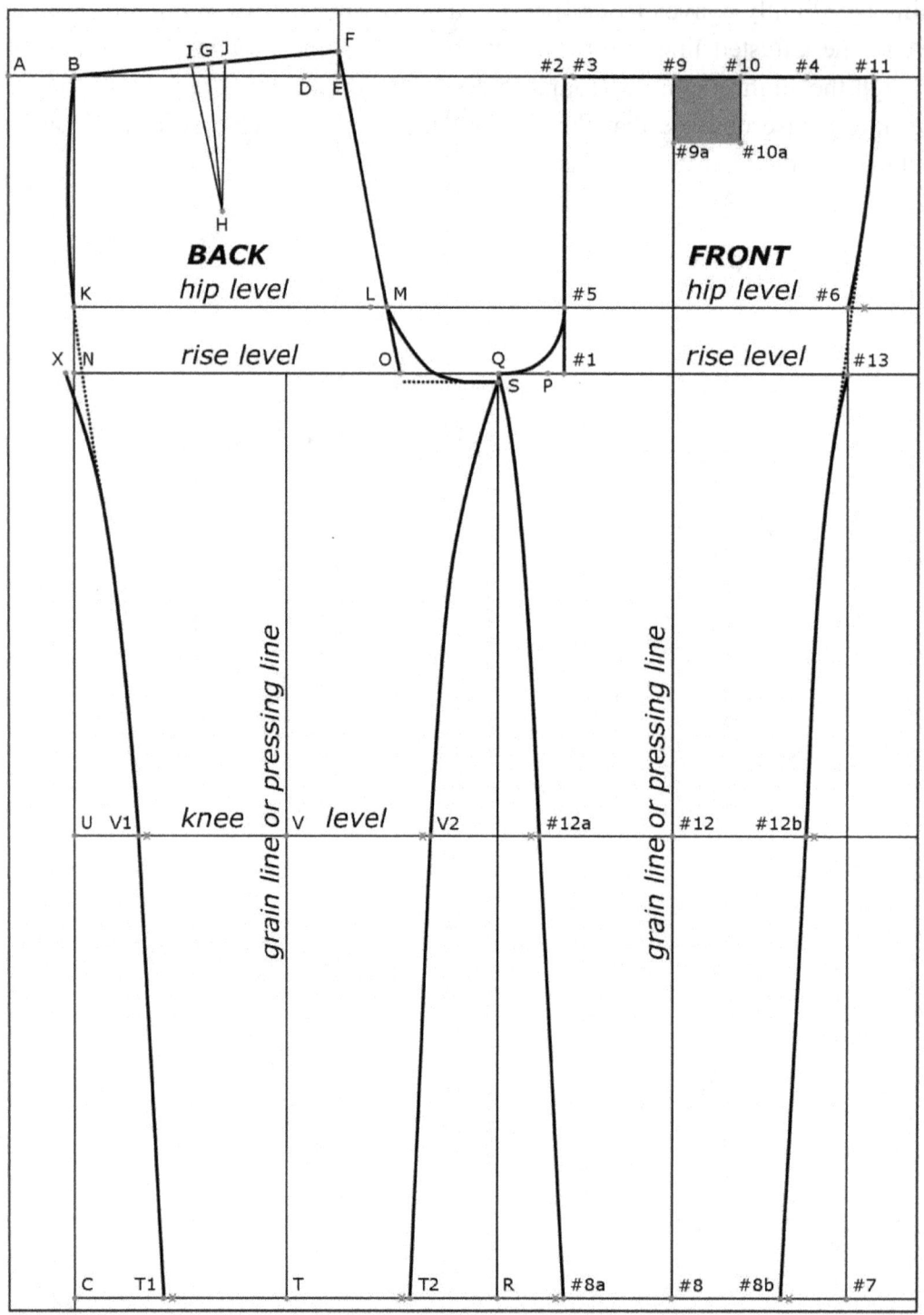

BACK PATTERN

Guideline
- *Point A*
    - From the top edge of the pattern paper, **go down** 2 inches (5.0 cm). **Mark** this point **A**.
    - From point **A**, **square** or **draw** a straight horizontal line to the right until the end of the pattern paper using an L-shaped ruler or a long straight ruler. This straight horizontal line is the "waist level".
- *Point B*
    - From point **A**, **go** (to the right) 2 inches (5.0 cm). **Mark** this point **B**.
    - From point **B**, **square** or **draw** a straight vertical line (downwards) until the end of the pattern paper using an L-shaped ruler or a long straight ruler.

Length of the Pants
- *Point C*
    - From point **B**, **go down** until the desired length of the pants. **Mark** this point **C**.
    - From point **C**, **square** or **draw** a straight horizontal line to the right until the end of the pattern paper.

Waist
- *Point D*
    - From point **B**, **go** (to the right) 1/4 of the waist measurement. **Mark** this point **D**.
- *Point E*
    - From point **D**, **add** 1 inch (2.5 cm) (to the right) for the dart allowance. **Mark** this point **E**.
    - From point **E**, **square** or **draw** a straight vertical line (upwards) until the end of the pattern paper.
- *Point F*
    - From point **E**, **go up** 3/4 of an inch (2.0 cm) for a pattern with regular buttocks or 1 inch (2.5 cm) for a pattern with fuller buttocks. **Mark** this point **F**.
- *Points B-F*
    - **Connect** points **B** and **F** with a straight line.

Dart
- *Point G*
    - **Get** the center (midpoint) of the line connecting points **B** and **F**. **Mark** this point **G**. This is where the center of the dart will fall.

- *Point H*
    - From point **G**, **square** or **draw** a straight line from the slant line connecting points **B** and **F** using an L-shaped ruler or a triangle ruler **going down** 4 1/2 inches (11.5 cm). **Mark** this point **H**.
- *Point I*
    - From point **G**, **go** (to the left) 1/2 of an inch (1.3 cm). **Mark** this point **I**.
- *Point J*
    - From point **G**, **go** (to the right) 1/2 of an inch (1.3 cm). **Mark** this point **J**.
- *Points I-H*
    - **Connect** points **I** and **H** with a straight line.
- *Points J-H*
    - **Connect** points **J** and **H** with a straight line.

Hip Level
- *Point K*
    - From point **B**, **go down**…
        - 6 inches (15.0 cm) for an extra small figure
        - 6 1/2 inches (16.5 cm) for a small figure
        - 7 inches (18.0 cm) for a medium figure
        - 7 1/2 inches (19.0 cm) for a large figure
        - 8 inches (20.0 cm) for an extra large figure
        - 8 1/2 inches (21.5 cm) for a double extra large figure
    - **Mark** this point **K**.
    - From point **K**, **square** or **draw** a straight horizontal line (to the right) until the end of the pattern paper. This straight horizontal line is the "hip level".
- *Point L*
    - From point **K**, **go** (to the right) 1/4 of the hip measurement. **Mark** this point **L**.
- *Point M*
    - From point **L**, **go** (to the right) 1/2 of an inch (1.3 cm). **Mark** this point **M**.

Rise/Crotch Level
- *Point N*
    - From point **B**, **go down** the length of the rise/crotch level measurement. **Mark** this point **N**.
    - From point **N**, **square** or **draw** a straight horizontal line (to the right) until the end of the pattern paper. This straight horizontal line is the "rise/crotch level".

Center Back
- *Point O*
  - From point **F**, **draw** a straight line to point **M** and **continue drawing** the line downwards until the rise/crotch level. **Get** the intersection of this line and the rise/crotch level. **Mark** this point **O**.
- *Point P*
  - From point **O**, **go** (to the right) 1/8 of the hip measurement. **Mark** this **P**.
- *Point Q*
  - **Measure** the length of points **O** to **P** using a tape measure, then **fold** the length of the points on the tape measure into 3 equal parts to get 1/3 of the length of the points. From point **P**, **go** (to the left) 1/3 of the length of the points. **Mark** this point **Q**.
- *Point R*
  - From point **Q**, **square** or **draw** a straight vertical line (downwards) until the desired length of the pants. **Mark** this point **R**.
- *Point S*
  - From point **Q**, **go down** 1/4 of an inch (0.6 cm). **Mark** this point **S**.
  - From point **S**, **square** or **draw** a broken horizontal line (to the left) until under point **O**.
- *Points M-S*
  - **To shape back rise/crotch**: From point **S**, **draw** a straight horizontal line (to the left) measuring 1 inch (2.5 cm) to 1 1/2 inches (4.0 cm) (if the buttocks are fuller) along the broken horizontal line. Using free hand, **continue drawing** a round curve line to point **M**.

Grain Line or Pressing Line
- *Point T*
  - **Get** the center (midpoint) of the line connecting points **C** and **R**. **Mark** this point **T**.
  - From point **T**, **square** or **draw** a straight vertical line (upwards) until the rise/crotch level. This straight vertical line is the "grain line" or "pressing line".

Knee
- *Point U*
  - **Get** the center (midpoint) of the line connecting points **N** and **C**. **Mark** this point **U**.
  - From point **U**, **square** or **draw** a straight horizontal line (to the right) until the end of the pattern paper. This straight horizontal line is the "knee level".

- *Point V*
    - **Get** the intersection of the knee level and the grain line from point **T**. **Mark** this point **V**.
- *Point V1*
    - From point **V**, **go** (to the left) 1/4 of the desired knee circumference. **Mark** this with a temporary point. From this temporary point, **add** 1/4 of an inch (0.6 cm). **Mark** this point **V1**. **Cross out** the temporary point.
- *Point V2*
    - From point **V**, **go** (to the right) 1/4 of the desired knee circumference. **Mark** this with a temporary point. From this temporary point, **add** 1/4 of an inch (0.6 cm). **Mark** this point **V2**. **Cross out** the temporary point.

Circumference of the Ankle
- *Point T1*
    - From point **T**, **go** (to the left) 1/4 of the desired circumference of the ankle. **Mark** this with a temporary point. From this temporary point, **add** 1/4 of an inch (0.6 cm). **Mark** this point **T1**. **Cross out** the temporary point.
- *Point T2*
    - From point **T**, **go** (to the right) 1/4 of the desired circumference of the ankle. **Mark** this with a temporary point. From this temporary point, **add** 1/4 of an inch (0.6 cm). **Mark** this point **T2**. **Cross out** the temporary point.

Shaping the Side Seams
- *Points T1-V1*
    - **Connect** points **T1** and **V1** with the straight line.
- *Points T2-V2*
    - **Connect** points **T2** and **V2** with the straight line.
- *Points S-V2*
    - **Connect** points **S** and **V2** with a slightly round curve using the concave (hollow) part of the curve ruler.
- *Points B-K*
    - **Connect** points **B** and **K** with a slightly round curve using the convex (round) part of the curve ruler.
- *Point X*
    - From point **N**, **go** (to the left) 1/4 of an inch (0.6 cm). **Mark** this point **X**.
- *Points X-V1*
    - **Connect** points **X** and **V1** with a slightly round curve using the concave (hollow) part of the curve ruler.

Final Shaping of the Side Seams
- From point **K**, **continue drawing** a curve line to align with most of the curve of points **X** to **V1** using the slightly convex (round) part of a curve ruler. This is to **blend** or **smoothen** the adjusted line (side seam) because there shouldn't be any sharp, uneven connecting lines. The adjusted line is represented with a broken line in the illustration for clarity. Though the slightly convex (round) side of the curve ruler is used to blend or smoothen the line, please observe that the line is almost straight. This is to avoid any unwanted bulkiness in the hip area of the side seam.

FRONT PATTERN

Waist
- *Point #1*
  - From point **P**, **go** (to the right) 1/2 of an inch (1.3 cm). **Mark** this point **#1**.
- *Point #2*
  - From point **#1**, **square** or **draw** a straight vertical line (upwards) until the waist level. **Mark** this point **#2**.
- *Point #3*
  - From point **#2**, **go** (to the right) 1/4 of an inch (0.6 cm). **Mark** this point **#3**.
- *Point #4*
  - From point **#3**, **go** (to the right) 1/4 of the waist measurement. **Mark** this point **#4**.

Hip Level
- *Point #5*
  - **Get** the intersection of the hip level and the line connecting points **#1** and **#2**. **Mark** this point **#5**.

Hip Measurement
- *Point #6*
  - From point **#5**, **go** (to the right) 1/4 of the hip measurement. **Mark** this with a temporary point. From this temporary point, **subtract** 1/2 of an inch (1.3 cm). **Mark** this point **#6**. **Cross out** the temporary point.

Shape of the Front Rise
- *Points #5-Q*
  - Using free hand, **connect** points **#5** and **Q** with a round curve line.

Guideline for the Side Seam
- *Point #7*
  - From point **#6**, **square** or **draw** a straight vertical line (downwards) until the desired length of the pants. **Mark** this point **#7**.

Grain Line or Pressing Line
- *Point #8*
  - **Get** the center (midpoint) of the line connecting points **R** and **#7**. **Mark** this point **#8**.
  - From point **#8**, **square** or **draw** a straight vertical line (upwards) until the waist level. This straight vertical line is the "grain line" or "pressing line".

Pleat

- *Point #9*
  - **Get** the intersection of the waist level and the grain line from point **#8**. **Mark** this point **#9**. This is where the fold of the pleat will start.
- *Point #9a*
  - From point **#9**, **go down** 2 inches (5.0 cm). **Mark** this point **#9a**.
- *Point #10*
  - From point **#9**, **go** (to the right) 2 inches (5.0 cm) for the fold allowance of the pleat. **Mark** this point **#10**.
- *Point #10a*
  - From point **#10**, **go down** 2 inches (5.0 cm). **Mark** this point **#10a**.
- *Points #10-#10a*
  - **Connect** points **#10** to **#10a** with a straight line.
- *Area of the Fold Allowance*
  - **Shade** the area of points **#9**, **#9a**, **#10** and **#10a** to indicate the fold allowance of the pleat.
- *Point #11*
  - From point **#4**, **go** (to the right) 2 inches (5.0 cm) for the pleat allowance. **Mark** this point **#11**.
- *Points #2-#11*
  - **Connect** points **#2** and **#11** with the straight line.

Knee

- *Point #12*
  - **Get** the intersection of the knee level and the grain line from point **#8**. **Mark** this point **#12**.
- *Point #12a*
  - From point **#12**, **go** (to the left) 1/4 of the desired knee circumference. **Mark** this with a temporary point. From this temporary point, **subtract** 1/4 of an inch (0.6 cm). **Mark** this point **#12a**. **Cross out** the temporary point.
- *Point #12b*
  - From point **#12**, **go** (to the right) 1/4 of the desired knee circumference. **Mark** this with a temporary point. From this temporary point, **subtract** 1/4 of an inch (0.6 cm). **Mark** this point **#12b**. **Cross out** the temporary point.

Circumference of the Ankle

- *Point #8a*
  - From point **#8**, **go** (to the left) 1/4 of the desired circumference of the ankle. **Mark** this with a temporary point. From this temporary point, **subtract** 1/4 of an inch (0.6 cm). **Mark** this point **#8a**. **Cross out** the temporary point.

- *Point #8b*
  - From point **#8**, **go** (to the right) 1/4 of the desired circumference of the ankle. **Mark** this with a temporary point. From this temporary point, **subtract** 1/4 of an inch (0.6 cm). **Mark** this point **#8b**. **Cross out** the temporary point.

Shaping the Side Seams
- *Points #12a-#8a*
  - **Connect** points **#12a** and **#8a** with a straight line.
- *Points #12b-#8b*
  - **Connect** points **#12b** and **#8b** with a straight line.
- *Points Q-#12a*
  - **Connect** points **Q** and **#12a** with the slightly concave (hollow) part of the curve ruler.
- *Points #11-#6*
  - **Connect** points **#11** and **#6** with a round curve using the slightly convex (round) part of the curve ruler.
- *Point #13*
  - **Get** the intersection of the rise/crotch level and the line connecting points **#6** and **#7**. **Mark** this point **#13**.
- *Points #13-#12b*
  - **Connect** points **#13** and **#12b** with the slightly concave (hollow) part of the curve ruler.

Final Shaping of the Side Seams
- **Blend** or **smoothen** the curve of points **#11** to **#6** and the curve of points **#13** to **#12b** using the slightly convex (round) part of a curve ruler to form a smooth curve for the side seam. The blending or smoothening starts somewhere between points **#11** and **#6** (not on point **#6**). This is due to the additional pleat allowance. The adjusted line is represented with a broken line in the illustration for clarity. Though the slightly convex (round) side of the curve ruler is used to blend or smoothen the line, please observe that the line is almost straight. This is to avoid any unwanted bulkiness in the hip area of the side seam.

Pants With Four Front Pleats

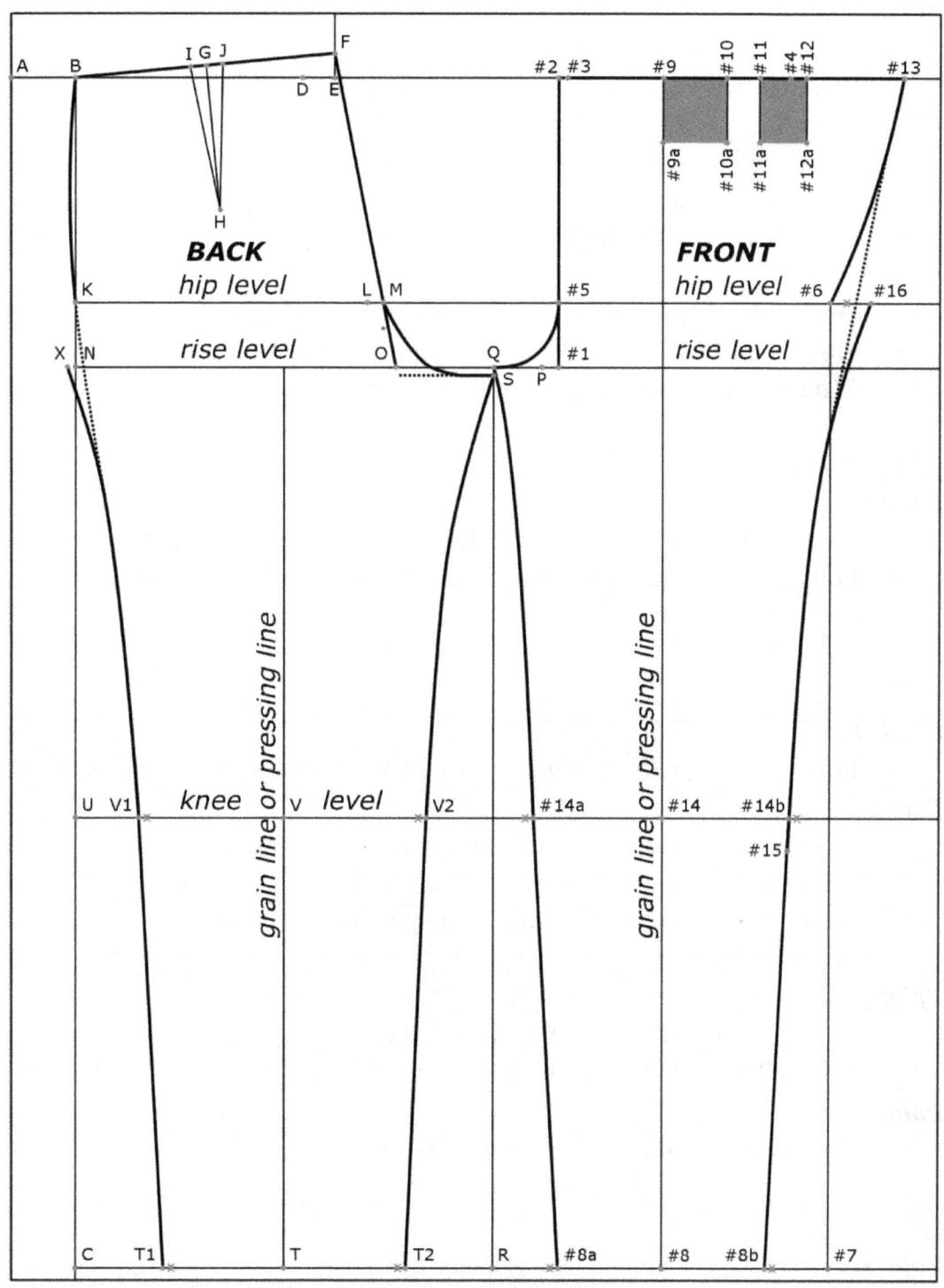

BACK PATTERN

Guideline
- *Point A*
    - From the top edge of the pattern paper, **go down** 2 inches (5.0 cm). **Mark** this point **A**.
    - From point A, **square** or **draw** a straight horizontal line to the right until the end of the pattern paper using an L-shaped ruler or a long straight ruler. This straight horizontal line is the "waist level".
- *Point B*
    - From point **A**, **go** (to the right) 2 inches (5.0 cm). **Mark** this point **B**.
    - From point **B**, **square** or **draw** a straight vertical line (downwards) until the end of the pattern paper using an L-shaped ruler or a long straight ruler.

Length of the Pants
- *Point C*
    - From point **B**, **go down** until the desired length of the pants. **Mark** this point **C**.
    - From point **C**, **square** or **draw** a straight horizontal line to the right until the end of the pattern paper.

Waist
- *Point D*
    - From point **B**, **go** (to the right) 1/4 of the waist measurement. **Mark** this point **D**.
- *Point E*
    - From point **D**, **add** 1 inch (2.5 cm) (to the right) for the dart allowance. **Mark** this point **E**.
    - From point **E**, **square** or **draw** a straight vertical line (upwards) until the end of the pattern paper.
- *Point F*
    - From point **E**, **go up** 3/4 of an inch (2.0 cm) for a pattern with regular buttocks or 1 inch (2.5 cm) for a pattern with fuller buttocks. **Mark** this point **F**.
- *Points B-F*
    - **Connect** points **B** and **F** with a straight line.

Dart
- *Point G*
    - **Get** the center (midpoint) of the line connecting points **B** and **F**. **Mark** this point **G**. This is where the center of the dart will fall.

- *Point H*
  - From point **G**, **square** or **draw** a straight line from the slant line connecting points **B** and **F** using an L-shaped ruler or a triangle ruler **going down** 4 1/2 inches (11.5 cm). **Mark** this point **H**.
- *Point I*
  - From point **G, go** (to the left) 1/2 of an inch (1.3 cm). **Mark** this point **I**.
- *Point J*
  - From point **G, go** (to the right) 1/2 of an inch (1.3 cm). **Mark** this point **J**.
- *Points I-H*
  - **Connect** points **I** and **H** with a straight line.
- *Points J-H*
  - **Connect** points **J** and **H** with a straight line.

Hip Level

- *Point K*
  - From point **B, go down**...
    - 6 inches (15.0 cm) for an extra small figure
    - 6 1/2 inches (16.5 cm) for a small figure
    - 7 inches (18.0 cm) for a medium figure
    - 7 1/2 inches (19.0 cm) for a large figure
    - 8 inches (20.0 cm) for an extra large figure
    - 8 1/2 inches (21.5 cm) for a double extra large figure
  - **Mark** this point **K**.
  - From point **K, square** or **draw** a straight horizontal line (to the right) until the end of the pattern paper. This straight horizontal line is the "hip level".
- *Point L*
  - From point **K, go** (to the right) 1/4 of the hip measurement. **Mark** this point **L**.
- *Point M*
  - From point **L, go** (to the right) 1/2 of an inch (1.3 cm). **Mark** this point **M**.

Rise/Crotch Level

- *Point N*
  - From point **B, go down** the length of the rise/crotch level measurement. **Mark** this point **N**.
  - From point **N, square** or **draw** a straight horizontal line (to the right) until the end of the pattern paper. This straight horizontal line is the "rise/crotch level".

Center Back
- *Point O*
    - From point **F**, **draw** a straight line to point **M** and **continue drawing** the line downwards until the rise/crotch level. **Get** the intersection of this line and the rise/crotch level. **Mark** this point **O**.
- *Point P*
    - From point **O**, **go** (to the right) 1/8 of the hip measurement. **Mark** this **P**.
- *Point Q*
    - **Measure** the length of points **O** to **P** using a tape measure, then **fold** the length of the points on the tape measure into 3 equal parts to get 1/3 of the length of the points. From point **P**, **go** (to the left) 1/3 of the length of the points. **Mark** this point **Q**.
- *Point R*
    - From point **Q**, **square** or **draw** a straight vertical line (downwards) until the desired length of the pants. **Mark** this point **R**.
- *Point S*
    - From point **Q**, **go down** 1/4 of an inch (0.6 cm). **Mark** this point **S**.
    - From point **S**, **square** or **draw** a broken horizontal line (to the left) until under point **O**.
- *Points M-S*
    - **To shape back rise/crotch**: From point **S**, **draw** a straight horizontal line (to the left) measuring 1 inch (2.5 cm) to 1 1/2 inches (4.0 cm) (if the buttocks are fuller) along the broken horizontal line. Using free hand, **continue drawing** a round curve line to point **M**.

Grain Line or Pressing Line
- *Point T*
    - **Get** the center (midpoint) of the line connecting points **C** and **R**. **Mark** this point **T**.
    - From point **T**, **square** or **draw** a straight vertical line (upwards) until the rise/crotch level. This straight vertical line is the "grain line" or "pressing line".

Knee
- *Point U*
    - **Get** the center (midpoint) of the line connecting points **N** and **C**. **Mark** this point **U**.
    - From point **U**, **square** or **draw** a straight horizontal line (to the right) until the end of the pattern paper. This straight horizontal line is the "knee level".

- *Point V*
    - **Get** the intersection of the knee level and the grain line from point **T**. **Mark** this point **V**.
- *Point V1*
    - From point **V**, **go** (to the left) 1/4 of the desired knee circumference. **Mark** this with a temporary point. From this temporary point, **add** 1/4 of an inch (0.6 cm). **Mark** this point **V1**. **Cross out** the temporary point.
- *Point V2*
    - From point **V**, **go** (to the right) 1/4 of the desired knee circumference. **Mark** this with a temporary point. From this temporary point, **add** 1/4 of an inch (0.6 cm). **Mark** this point **V2**. **Cross out** the temporary point.

Circumference of the Ankle
- *Point T1*
    - From point **T**, **go** (to the left) 1/4 of the desired circumference of the ankle. **Mark** this with a temporary point. From this temporary point, **add** 1/4 of an inch (0.6 cm). **Mark** this point **T1**. **Cross out** the temporary point.
- *Point T2*
    - From point **T**, **go** (to the right) 1/4 of the desired circumference of the ankle. **Mark** this with a temporary point. From this temporary point, **add** 1/4 of an inch (0.6 cm). **Mark** this point **T2**. **Cross out** the temporary point.

Shaping the Side Seams
- *Points T1-V1*
    - **Connect** points **T1** and **V1** with the straight line.
- *Points T2-V2*
    - **Connect** points **T2** and **V2** with the straight line.
- *Points S-V2*
    - **Connect** points **S** and **V2** with a slightly round curve using the concave (hollow) part of the curve ruler.
- *Points B-K*
    - **Connect** points **B** and **K** with a slightly round curve using the convex (round) part of the curve ruler.
- *Point X*
    - From point **N**, **go** (to the left) 1/4 of an inch (0.6 cm). **Mark** this point **X**.
- *Points X-V1*
    - **Connect** points **X** and **V1** with a slightly round curve using the concave (hollow) part of the curve ruler.

Final Shaping of the Side Seams

- From point **K**, **continue drawing** a curve line to align with most of the curve of points **X** to **V1** using the slightly convex (round) part of a curve ruler. This is to **blend** or **smoothen** the adjusted line (side seam) because there shouldn't be any sharp, uneven connecting lines. The adjusted line is represented with a broken line in the illustration for clarity. Though the slightly convex (round) side of the curve ruler is used to blend or smoothen the line, please observe that the line is almost straight. This is to avoid any unwanted bulkiness in the hip area of the side seam.

FRONT PATTERN

Waist
- *Point #1*
    - From point **P**, **go** (to the right) 1/2 of an inch (1.3 cm). **Mark** this point **#1**.
- *Point #2*
    - From point **#1**, **square** or **draw** a straight vertical line (upwards) until the waist level. **Mark** this point **#2**.
- *Point #3*
    - From point **#2**, **go** (to the right) 1/4 of an inch (0.6 cm). **Mark** this point **#3**.
- *Point #4*
    - From point **#3**, **go** (to the right) 1/4 of the waist measurement. **Mark** this point **#4**.

Hip Level
- *Point #5*
    - **Get** the intersection of the hip level and the line connecting points **#1** and **#2**. **Mark** this point **#5**.

Hip Measurement
- *Point #6*
    - From point **#5**, **go** (to the right) 1/4 of the hip measurement. **Mark** this with a temporary point. From this temporary point, **subtract** 1/2 of an inch (1.3 cm). **Mark** this point **#6**. **Cross out** the temporary point.

Shape of the Front Rise
- *Points #5-Q*
    - Using free hand, **connect** points **#5** and **Q** with a round curve line.

Guideline for the Side Seam
- *Point #7*
    - From point **#6**, **square** or **draw** a straight vertical line (downwards) until the desired length of the pants. **Mark** this point **#7**.

Grain Line or Pressing Line
- *Point #8*
    - **Get** the center (midpoint) of the line connecting points **R** and **#7**. **Mark** this point **#8**.
    - From point **#8**, **square** or **draw** a straight vertical line (upwards) until the waist level. This straight vertical line is the "grain line" or "pressing line".

First Pleat
- *Point #9*
  - **Get** the intersection of the waist level and the grain line from point **#8**. **Mark** this point **#9**. This is where the fold of the pleat will start.
- *Point #9a*
  - From point **#9**, **go down** 2 inches (5.0 cm). **Mark** this point **#9a**.
- *Point #10*
  - From point **#9**, **go** (to the right) 2 inches (5.0 cm) for the fold allowance of the pleat. **Mark** this point **#10**.
- *Point #10a*
  - From point **#10**, **go down** 2 inches (5.0 cm). **Mark** this point **#10a**.
- *Points #10-#10a*
  - **Connect** points **#10** to **#10a** with a straight line.
- *Area of the Fold Allowance*
  - **Shade** the area of points **#9**, **#9a**, **#10** and **#10a** to indicate the fold allowance of the pleat.

Second Pleat
- *Point #11*
  - From point **#10**, **go** (to the right) 1 inch (2.5 cm). **Mark** this point **#11**. This is where the fold of the pleat will start.
- *Point #11a*
  - From point **#11**, **go down** 2 inches (5.0 cm). **Mark** this point **#11a**.
- *Points #11-#11a*
  - **Connect** points **#11** to **#11a** with a straight line.
- *Point #12*
  - From point **#11**, **go** (to the right) 1 1/2 inches (4.0 cm) for the fold allowance of the pleat. **Mark** this point **#12**.
- *Point #12a*
  - From point **#12**, **go down** 2 inches (5.0 cm). **Mark** this point **#12a**.
- *Points #12-#12a*
  - **Connect** points **#12** to **#12a** with a straight line.
- *Area of the Fold Allowance*
  - **Shade** the area of points **#11**, **#11a**, **#12** and **#12a** to indicate the fold allowance of the pleat.
- *Point #13*
  - From point **#4**, **go** (to the right) 3 1/2 inches (8.5 cm) for the pleat allowance. **Mark** this point **#13**.
- *Points #2-#13*
  - **Connect** points **#2** and **#13** with the straight line.

Knee

- *Point #14*
  - **Get** the intersection of the knee level and the grain line from point **#8**. **Mark** this point **#14**.
- *Point #14a*
  - From point **#14**, **go** (to the left) 1/4 of the desired knee circumference. **Mark** this with a temporary point. From this temporary point, **subtract** 1/4 of an inch (0.6 cm). **Mark** this point **#14a**. **Cross out** the temporary point.
- *Point #14b*
  - From point **#14**, **go** (to the right) 1/4 of the desired knee circumference. **Mark** this with a temporary point. From this temporary point, **subtract** 1/4 of an inch (0.6 cm). **Mark** this point **#14b**. **Cross out** the temporary point.

Circumference of the Ankle

- *Point #8a*
  - From point **#8**, **go** (to the left) 1/4 of the desired circumference of the ankle. **Mark** this with a temporary point. From this temporary point, **subtract** 1/4 of an inch (0.6 cm). **Mark** this point **#8a**. **Cross out** the temporary point.
- *Point #8b*
  - From point **#8**, **go** (to the right) 1/4 of the desired circumference of the ankle. **Mark** this with a temporary point. From this temporary point, **subtract** 1/4 of an inch (0.6 cm). **Mark** this point **#8b**. **Cross out** the temporary point.

Shaping the Side Seams

- *Points #14a-#8a*
  - **Connect** points **#14a** and **#8a** with a straight line.
- *Points #14b-#8b*
  - **Connect** points **#14b** and **#8b** with a straight line.
- *Points Q-#14a*
  - **Connect** points **Q** and **#14a** with the slightly concave (hollow) part of the curve ruler.
- *Points #13-#6*
  - **Connect** points **#13** and **#6** with a round curve using the slightly convex (round) part of the curve ruler.
- *Point #15*
  - From point **#14b**, **go down** 1 inch (2.5 cm) along the outline of the side seam. **Mark** this point **#15**.
- *Point #16*
  - From point **#6**, **go** (to the right) 1 1/4 inches (3.0 cm). **Mark** this point **#16**.

- *Points #15-#16*
  - **Connect** points **#15** and **#16** with the slightly concave (hollow) part of the curve ruler.

Final Shaping of the Side Seams
- **Blend** or **smoothen** the curve of points **#13** to **#6** and the curve of points **#15** to **#16** using the slightly convex (round) part of a curve ruler to form a smooth curve for the side seam. The adjusted line is represented with a broken line in the illustration for clarity. Though the slightly convex (round) side of the curve ruler is used to blend or smoothen the line, please observe that the line is almost straight. This is to avoid any unwanted bulkiness in the hip area of the side seam.

Denim Pants

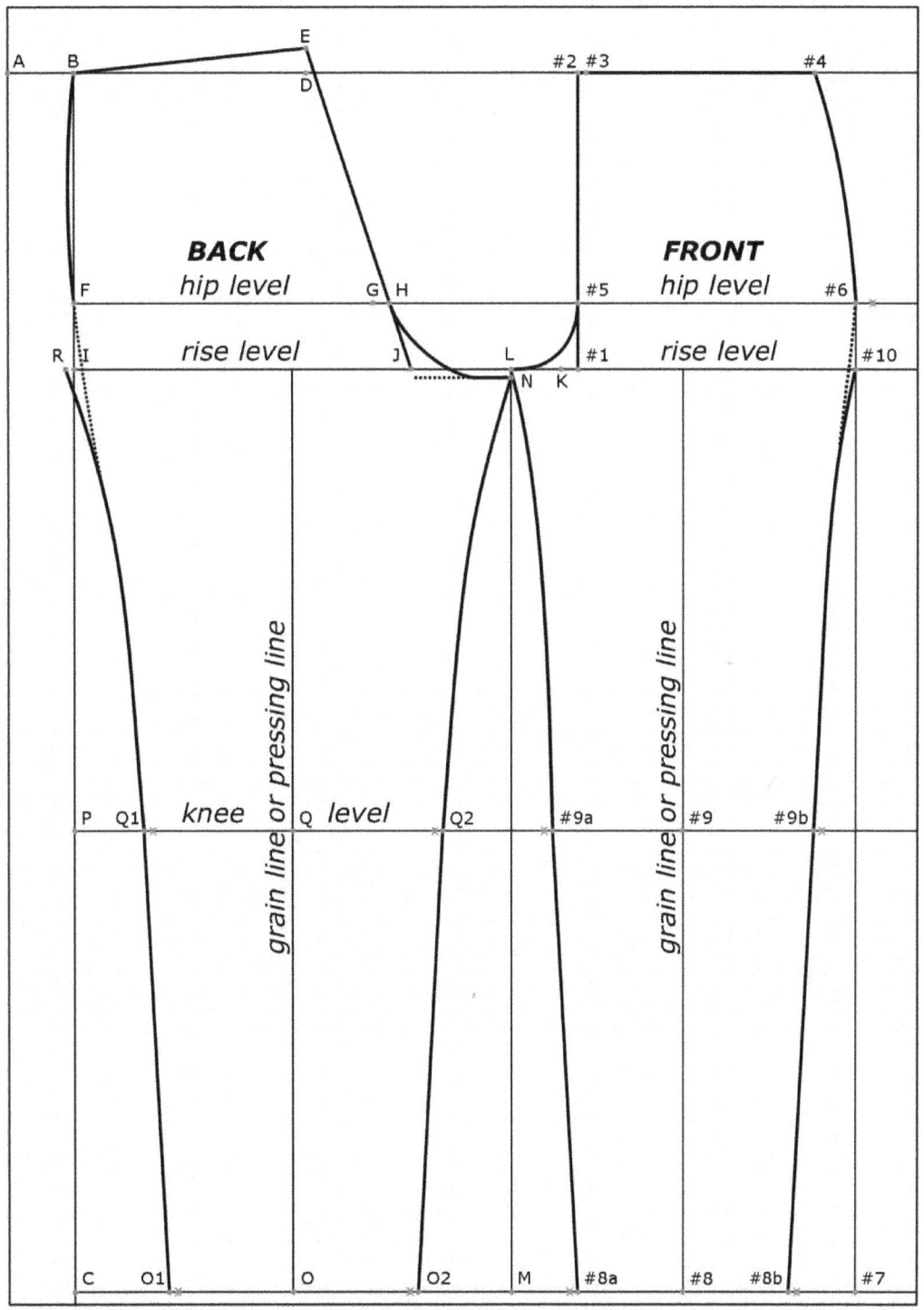

BACK PATTERN

Guideline
- *Point A*
  - From the top edge of the pattern paper, **go down** 2 inches (5.0 cm). **Mark** this point **A**.
  - From point **A**, **square** or **draw** a straight horizontal line to the right until the end of the pattern paper using an L-shaped ruler or a long straight ruler. This straight horizontal line is the "waist level".
- *Point B*
  - From point **A**, **go** (to the right) 2 inches (5.0 cm). **Mark** this point **B**.
  - From point **B**, **square** or **draw** a straight vertical line (downwards) until the end of the pattern paper using an L-shaped ruler or a long straight ruler.

Length of the Pants
- *Point C*
  - From point **B**, **go down** until the desired length of the pants. **Mark** this point **C**.
  - From point **C**, **square** or **draw** a straight horizontal line to the right until the end of the pattern paper.

Waist
- *Point D*
  - From point **B**, **go** (to the right) 1/4 of the waist measurement. **Mark** this point **D**.
- *Point E*
  - From point **D**, **go up** 3/4 of an inch (2.0 cm) for a pattern with regular buttocks or 1 inch (2.5 cm) for a pattern with fuller buttocks. **Mark** this point **E**.
- *Points B-E*
  - **Connect** points **B** and **E** with a straight line.

Hip Level
- *Point F*
  - From point **B**, **go down**...
    - 6 inches (15.0 cm) for an extra small figure
    - 6 1/2 inches (16.5 cm) for a small figure
    - 7 inches (18.0 cm) for a medium figure
    - 7 1/2 inches (19.0 cm) for a large figure
    - 8 inches (20.0 cm) for an extra large figure
    - 8 1/2 inches (21.5 cm) for a double extra large figure
  - **Mark** this point **F**.

- From point **F**, **square** or **draw** a straight horizontal line (to the right) until the end of the pattern paper. This straight horizontal line is the "hip level".
- *Point G*
  - From point **F**, **go** (to the right) 1/4 of the hip measurement. **Mark** this point **G**.
- *Point H*
  - From point **G**, **go** (to the right) 1/2 of an inch (1.3 cm). **Mark** this point **H**.

Rise/Crotch Level
- *Point I*
  - From point **B**, **go down** the length of the rise/crotch level measurement. **Mark** this point **I**.
  - From point **I**, **square** or **draw** a straight horizontal line (to the right) until the end of the pattern paper. This straight horizontal line is the "rise/crotch level".

Center Back
- *Point J*
  - From point **E**, **draw** a straight line to point **H** and **continue drawing** the line downwards until the rise/crotch level. **Get** the intersection of this line and the rise/crotch level. **Mark** this point **J**.
- *Point K*
  - From point **J**, **go** (to the right) 1/8 of the hip measurement. **Mark** this **K**.
- *Point L*
  - **Measure** the length of points **J** to **K** using a tape measure, then **fold** the length of the points on the tape measure into 3 equal parts to get 1/3 of the length of the points. From point **K**, **go** (to the left) 1/3 of the length of the points. **Mark** this point **L**.
- *Point M*
  - From point **L**, **square** or **draw** a straight vertical line (downwards) until the desired length of the pants. **Mark** this point **M**.
- *Point N*
  - From point **L**, **go down** 1/4 of an inch (0.6 cm). **Mark** this point **N**.
  - From point **N**, **square** or **draw** a broken horizontal line (to the left) until under point **J**.
- *Points N-H*
  - **To shape back rise/crotch**: From point **N**, **draw** a straight horizontal line (to the left) measuring 1 inch (2.5 cm) to 1 1/2 inches (4.0 cm) (if the buttocks are fuller) along the broken horizontal line. Using free hand, **continue drawing** a round curve line to point **H**.

Grain Line or Pressing Line
- *Point O*
  - **Get** the center (midpoint) of the line connecting points **C** and **M**. **Mark** this point **O**.
  - From point **O**, **square** or **draw** a straight vertical line (upwards) until the rise/crotch level. This straight vertical line is the "grain line" or "pressing line".

Knee
- *Point P*
  - **Get** the center (midpoint) of the line connecting points **I** and **C**. **Mark** this point **P**.
  - From point **P**, **square** or **draw** a straight horizontal line (to the right) until the end of the pattern paper. This straight horizontal line is the "knee level".
- *Point Q*
  - **Get** the intersection of the knee level and the grain line from point **O**. **Mark** this point **Q**.
- *Point Q1*
  - From point **Q**, **go** (to the left) 1/4 of the desired knee circumference. **Mark** this with a temporary point. From this temporary point, **add** 1/4 of an inch (0.6 cm). **Mark** this point **Q1**. **Cross out** the temporary point.
- *Point Q2*
  - From point **Q**, **go** (to the right) 1/4 of the desired knee circumference. **Mark** this with a temporary point. From this temporary point, **add** 1/4 of an inch (0.6 cm). **Mark** this point **Q2**. **Cross out** the temporary point.

Circumference of the Ankle
- *Point O1*
  - From point **O**, **go** (to the left) 1/4 of the desired circumference of the ankle. **Mark** this with a temporary point. From this temporary point, **add** 1/4 of an inch (0.6 cm). **Mark** this point **O1**. **Cross out** the temporary point.
- *Point O2*
  - From point **O**, **go** (to the right) 1/4 of the desired circumference of the ankle. **Mark** this with a temporary point. From this temporary point, **add** 1/4 of an inch (0.6 cm). **Mark** this point **O2**. **Cross out** the temporary point.

Shaping the Side Seams
- *Points O1-Q1*
  - **Connect** points **O1** and **Q1** with the straight line.
- *Points O2-Q2*
  - **Connect** points **O2** and **Q2** with the straight line.

- *Points N-Q2*
    - **Connect** points **N** and **Q2** with a slightly round curve using the concave (hollow) part of the curve ruler.
- *Points B-F*
    - **Connect** points **B** and **F** with a slightly round curve using the convex (round) part of the curve ruler.
- *Point R*
    - From point **I**, **go** (to the left) 1/4 of an inch (0.6 cm). **Mark** this point **R**.
- *Points R-Q1*
    - **Connect** points **R** and **Q1** with a slightly round curve using the concave (hollow) part of the curve ruler.

Final Shaping of the Side Seams

- From point **F**, **continue drawing** a curve line to align with most of the curve of points **R** to **Q1** using the slightly convex (round) part of a curve ruler. This is to **blend** or **smoothen** the adjusted line (side seam) because there shouldn't be any sharp, uneven connecting lines. The adjusted line is represented with a broken line in the illustration for clarity. Though the slightly convex (round) side of the curve ruler is used to blend or smoothen the line, please observe that the line is almost straight. This is to avoid any unwanted bulkiness in the hip area of the side seam.

FRONT PATTERN

Waist
- *Point #1*
  - From point **K**, **go** (to the right) 1/2 of an inch (1.3 cm). **Mark** this point **#1**.
- *Point #2*
  - From point **#1**, **square** or **draw** a straight vertical line (upwards) until the waist level. **Mark** this point **#2**.
- *Point #3*
  - From point **#2**, **go** (to the right) 1/4 of an inch (0.6 cm). **Mark** this point **#3**.
- *Point #4*
  - From point **#3**, **go** (to the right) 1/4 of the waist measurement. **Mark** this point **#4**.
- *Points #2-#4*
  - **Connect** points **#2** and **#4** with the straight line.

Hip Level
- *Point #5*
  - **Get** the intersection of the hip level and the line connecting points **#1** and **#2**. **Mark** this point **#5**.

Hip Measurement
- *Point #6*
  - From point **#5**, **go** (to the right) 1/4 of the hip measurement. **Mark** this with a temporary point. From this temporary point, **subtract** 1/2 of an inch (1.3 cm). **Mark** this point **#6**. **Cross out** the temporary point.

Shape of the Front Rise
- *Points #5-L*
  - Using free hand, **connect** points **#5** and **L** with a round curve line.

Guideline for the Side Seam
- *Point #7*
  - From point **#6**, **square** or **draw** a straight vertical line (downwards) until the desired length of the pants. **Mark** this point **#7**.

Grain Line or Pressing Line
- *Point #8*
  - **Get** the center (midpoint) of the line connecting points **M** and **#7**. **Mark** this point **#8**.

- From point **#8**, **square** or **draw** a straight vertical line (upwards) until the rise/crotch level. This straight vertical line is the "grain line" or "pressing line".

Knee
- *Point #9*
    - **Get** the intersection of the knee level and the grain line from point **#8**. **Mark** this point **#9**.
- *Point #9a*
    - From point **#9**, **go** (to the left) 1/4 of the desired knee circumference. **Mark** this with a temporary point. From this temporary point, **subtract** 1/4 of an inch (0.6 cm). **Mark** this point **#9a**. **Cross out** the temporary point.
- *Point #9b*
    - From point **#9**, **go** (to the right) 1/4 of the desired knee circumference. **Mark** this with a temporary point. From this temporary point, **subtract** 1/4 of an inch (0.6 cm). **Mark** this point **#9b**. **Cross out** the temporary point.

Circumference of the Ankle
- *Point #8a*
    - From point **#8**, **go** (to the left) 1/4 of the desired circumference of the ankle. **Mark** this with a temporary point. From this temporary point, **subtract** 1/4 of an inch (0.6 cm). **Mark** this point **#8a**. **Cross out** the temporary point.
- *Point #8b*
    - From point **#8**, **go** (to the right) 1/4 of the desired circumference of the ankle. **Mark** this with a temporary point. From this temporary point, **subtract** 1/4 of an inch (0.6 cm). **Mark** this point **#8b**. **Cross out** the temporary point.

Shaping the Side Seams
- *Points #9a-#8a*
    - **Connect** points **#9a** and **#8a** with a straight line.
- *Points #9b-#8b*
    - **Connect** points **#9b** and **#8b** with a straight line.
- *Points L-#9a*
    - **Connect** points **L** and **#9a** with the slightly concave (hollow) part of the curve ruler.
- *Points #4-#6*
    - **Connect** points **#4** and **#6** with a round curve using the convex (round) part of the curve ruler.
- *Point #10*
    - **Get** the intersection of the rise/crotch level and the line connecting points **#6** and **#7**. **Mark** this point **#10**.

- *Points #10-#9b*
    - **Connect** points **#10** and **#9b** with the slightly concave (hollow) part of the curve ruler.

Final Shaping of the Side Seams

- From point **#6**, **continue drawing** a curve line to align with most of the curve of points **#10** to **#9b** using the slightly convex (round) part of a curve ruler. This is to **blend** or **smoothen** the adjusted line (side seam) because there shouldn't be any sharp, uneven connecting lines. The adjusted line is represented with a broken line in the illustration for clarity. Though the slightly convex (round) side of the curve ruler is used to blend or smoothen the line, please observe that the line is almost straight. This is to avoid any unwanted bulkiness in the hip area of the side seam.

Slide Pocket (Denim Pants)

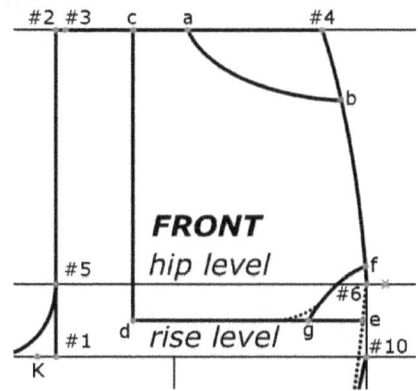

- *Point a*
  - **Get** the center (midpoint) of the line connecting points **#2** and **#4**. **Mark** this point **a**.
- *Point b*
  - From point **#4**, **go down** 2 inches (5.0 cm) along the outline of the side seam. **Mark** this point **b**.
  - Using free hand, **connect** points **a** and **b** with a round curve line.
- *Point c*
  - From point **a**, **go** (to the left) 1 1/2 inches (4.0 cm). **Mark** this point **c**.
- *Point d*
  - From point **c**, **square** or **draw** a straight vertical line (downwards) until the middle of the hip level and the rise/crotch level or depending on the desired depth of the pocket. **Mark** this point **d**.
- *Points c-d*
  - **Connect** points **c** and **d** with a straight line.
- *Point e*
  - From point **d**, **square** or **draw** a straight horizontal line to the right until the outline of the side seam. **Get** the intersection of this line and the outline of the side seam. **Mark** this point **e**.
- *Point f*
  - From point **e**, **go up** 1 1/2 inches (4.0 cm). **Mark** this point **f**.
- *Point g*
  - From point **e**, **go** (to the left) 1 1/2 inches (4.0 cm). **Mark** this point **g**.
- *Points f-g*
  - **Connect** points **f** and **g** with a round curve line. Then **reshape** the area of point **g** as drawn with a broken curve line in the illustration. The broken curve line will be part of the pocket.

- ***Transfer Pocket Pattern to a Separate Pattern Paper***
  - Please refer to the chapter on SLIDE POCKET (BASIC PANTS).

Zipper Plackets (Denim Pants)

- Each placket has a width of 3 inches (7.5 cm). For the length of the placket, **get** the length equivalent to the distance of the waist level and the hip level, and **add** 1 inch (2.5 cm). **Get** the center of the width from top to bottom, and **draw** a broken straight line to represent the fold of the plackets.

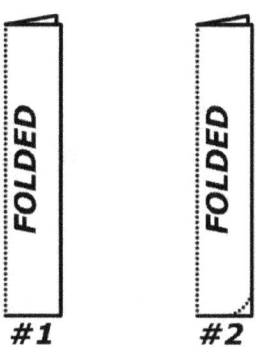

- **#1 Fly Underlap Placket**
- **#2 Fly Front Placket** (Cut off the broken curved line from the bottom corner.)

Back Yoke (Denim Pants)

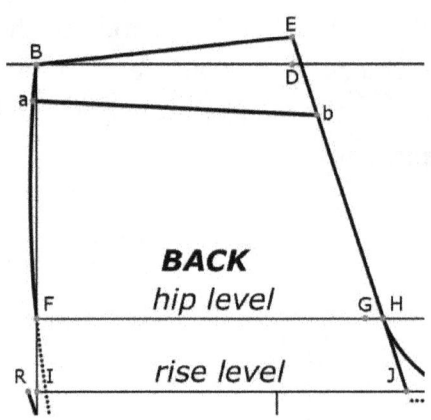

- *Point a*
  - From point **B**, **go down** 1 inch (2.5 cm) along the side seam. **Mark** this point **a**.
- *Point b*
  - From point **E**, **go down** 2 1/4 inches (5.5 cm) along the center back. **Mark** this point **b**.
- *Points a-b*
  - **Connect** points **a** and **b** with a straight line.
  - The area of points **B, E, a** and **b** is the Back Yoke.

Back Patch Pocket (Denim Pants)

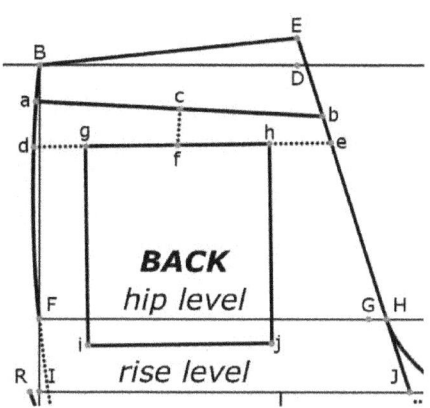

Pocket Level Placement

- *Point c*
  - **Get** the center (midpoint) of the line connecting points **a** and **b**. **Mark** this point **c**.
- *Point d*
  - From point **B, go down** 2 1/4 inches (5.5 cm) along the side seam. **Mark** this point **d**.
- *Point e*
  - From point **E, go down** 3 inches (7.5 cm) along the center back. **Mark** this point **e**.
- *Points d-e*
  - **Connect** points **d** and **e** with a broken line.
- *Point f*
  - From point **c, square** or **draw** a straight line from the slant line connecting points **a** and **b** using an L-shaped ruler or a triangle ruler **going down** until the line connecting points **d** and **e**.
  - **Get** the intersection of this line and the line connecting points **d** and **e**. **Mark** this point **f**.

Patch Pocket Width

- 5 inches (12.5 cm) for an extra small figure
- 5 inches (12.5 cm) for a small figure
- 5 inches (12.5 cm) for a medium figure
- 5 1/2 inches (14.0 cm) for a large figure
- 5 1/2 inches (14.0 cm) for an extra large figure
- 5 1/2 inches (14.0 cm) for a double extra large figure

- **Point g**
  - From point **f**, **go** (to the left) 1/2 of the pocket width along the line connecting points **d** and **e**. **Mark** this point **g**.
- *Point h*
  - From point **f**, **go** (to the right) 1/2 of the pocket width along the line connecting points **d** and **e**. **Mark** this point **h**.
- *Points g-h*
  - **Connect** points **g** and **h** with a straight line.

Patch Pocket Length
- 5 1/2 inches (14.0 cm) for an extra small figure
- 5 1/2 inches (14.0 cm) for a small figure
- 5 1/2 inches (14.0 cm) for a medium figure
- 6 inches (15.0 cm) for a large figure
- 6 inches (15.0 cm) for an extra large figure
- 6 inches (15.0 cm) for a double extra large figure
- *Point i*
  - From point **g**, **square** or **draw** a straight line from the slant line connecting points **g** and **h** using an L-shaped ruler or a triangle ruler **going down** the patch pocket length. **Mark** this point **i**.
- *Point j*
  - From point **h**, **square** or **draw** a straight line from the slant line connecting points **g** and **h** using an L-shaped ruler or a triangle ruler **going down** the patch pocket length. **Mark** this point **j**.
- *Points i-j*
  - **Connect** points **i** and **j** with a straight line.

Pajama Pants

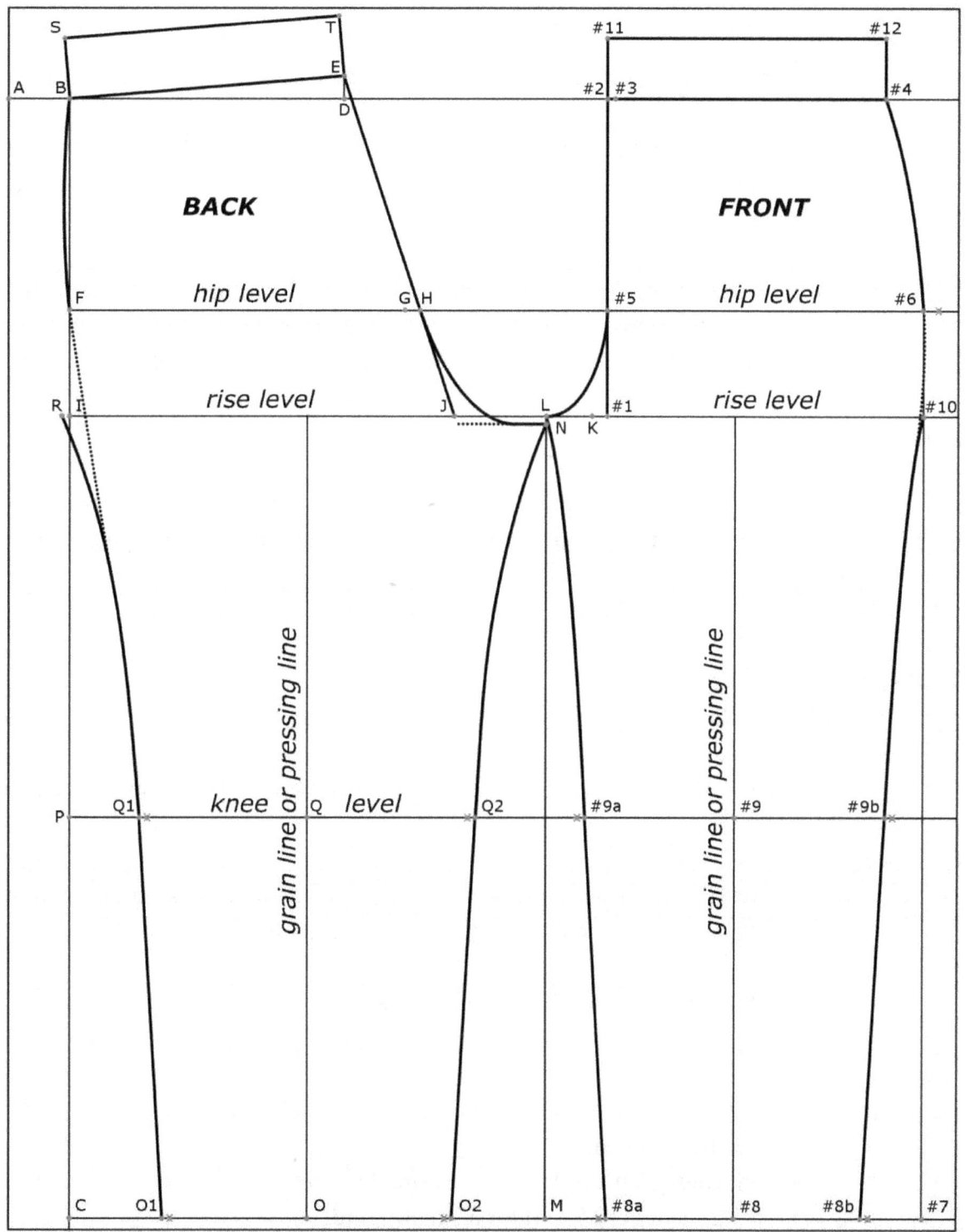

BACK PATTERN

Guideline
- *Point A*
    - From the top edge of the pattern paper, **go down** 3 inches (7.5 cm). **Mark** this point **A**.
    - From point **A**, **square** or **draw** a straight horizontal line to the right until the end of the pattern paper using an L-shaped ruler or a long straight ruler. This straight horizontal line is the "waist level".
- *Point B*
    - From point **A**, **go** (to the right) 2 inches (5.0 cm). **Mark** this point **B**.
    - From point **B**, **square** or **draw** a straight vertical line (downwards) until the end of the pattern paper using an L-shaped ruler or a long straight ruler.

Length of the Pants
- *Point C*
    - From point **B**, **go down** until the desired length of the pants. **Mark** this point **C**.
    - From point **C**, **square** or **draw** a straight horizontal line to the right until the end of the pattern paper.

Waist
- *Point D*
    - **Add** 8 inches (20.0 cm) to the waist measurement. This will be the "adjusted waist measurement".
    - From point **B**, **go** (to the right) 1/4 of the "adjusted waist measurement". **Mark** this point **D**.
- *Point E*
    - From point **D**, **go up** 3/4 of an inch (2.0 cm) for a pattern with regular buttocks or 1 inch (2.5 cm) for a pattern with fuller buttocks. **Mark** this point **E**.
- *Points B-E*
    - **Connect** points **B** and **E** with a straight line.

Hip Level
- *Point F*
    - From point **B**, **go down**...
        - 6 inches (15.0 cm) for an extra small figure
        - 6 1/2 inches (16.5 cm) for a small figure
        - 7 inches (18.0 cm) for a medium figure
        - 7 1/2 inches (19.0 cm) for a large figure
        - 8 inches (20.0 cm) for an extra large figure

- 8 1/2 inches (21.5 cm) for a double extra large figure
  - **Mark** this point **F**.
  - From point **F**, **square** or **draw** a straight horizontal line (to the right) until the end of the pattern paper. This straight horizontal line is the "hip level".
- *Point G*
  - **Add** 8 inches (20.0 cm) to the hip measurement. This will be the "adjusted hip measurement".
  - From point **F**, **go** (to the right) 1/4 of the "adjusted hip measurement". **Mark** this point **G**.
- *Point H*
  - From point **G**, **go** (to the right) 1/2 of an inch (1.3 cm). **Mark** this point **H**.

Rise/Crotch Level
- *Point I*
  - **Add** 1 1/2 inches (4.0 cm) to the rise/crotch level measurement. This will be the "adjusted rise/crotch level measurement".
  - From point **B**, **go down** the length of the "adjusted rise/crotch level measurement". **Mark** this point **I**.
  - From point **I**, **square** or **draw** a straight horizontal line (to the right) until the end of the pattern paper. This straight horizontal line is the "adjusted rise/crotch level".

Center Back
- *Point J*
  - From point **E**, **draw** a straight line to point **H** and **continue drawing** the line downwards until the rise/crotch level. **Get** the intersection of this line and the rise/crotch level. **Mark** this point **J**.
- *Point K*
  - From point **J**, **go** (to the right) 1/8 of the hip measurement (not the adjusted hip measurement). **Mark** this **K**.
- *Point L*
  - **Measure** the length of points **J** to **K** using a tape measure, then **fold** the length of the points on the tape measure into 3 equal parts to get 1/3 of the length of the points. From point **K**, **go** (to the left) 1/3 of the length of the points. **Mark** this point **L**.
- *Point M*
  - From point **L**, **square** or **draw** a straight vertical line (downwards) until the desired length of the pants. **Mark** this point **M**.
- *Point N*
  - From point **L**, **go down** 1/4 of an inch (0.6 cm). **Mark** this point **N**.

- From point **N**, **square** or **draw** a broken horizontal line (to the left) until under point **J**.
- *Points N-H*
  - **To shape back rise/crotch**: From point **N**, **draw** a straight horizontal line (to the left) measuring 1 inch (2.5 cm) to 1 1/2 inches (4.0 cm) (if the buttocks are fuller) along the broken horizontal line. Using free hand, **continue drawing** a round curve line to point **H**.

Grain Line or Pressing Line
- *Point O*
  - **Get** the center (midpoint) of the line connecting points **C** and **M**. **Mark** this point **O**.
  - From point **O**, **square** or **draw** a straight vertical line (upwards) until the rise/crotch level. This straight vertical line is the "grain line" or "pressing line".

Knee
- *Point P*
  - **Get** the center (midpoint) of the line connecting points **I** and **C**. **Mark** this point **P**.
  - From point **P**, **square** or **draw** a straight horizontal line (to the right) until the end of the pattern paper. This straight horizontal line is the "knee level".
- *Point Q*
  - **Get** the intersection of the knee level and the grain line from point **O**. **Mark** this point **Q**.
- *Point Q1*
  - **Add** 4 inches (10.0 cm) to the knee circumference. This will be the "adjusted knee circumference".
  - From point **Q**, **go** (to the left) 1/4 of the "adjusted knee circumference". **Mark** this with a temporary point. From this temporary point, **add** 1/4 of an inch (0.6 cm). **Mark** this point **Q1**. **Cross out** the temporary point.
- *Point Q2*
  - From point **Q**, **go** (to the right) 1/4 of the "adjusted knee circumference". **Mark** this with a temporary point. From this temporary point, **add** 1/4 of an inch (0.6 cm). **Mark** this point **Q2**. **Cross out** the temporary point.

Circumference of the Ankle
- *Point O1*
  - **Add** 4 inches (10.0 cm) to the ankle circumference. This will be the "adjusted ankle circumference".

- From point **O**, **go** (to the left) 1/4 of the "adjusted ankle circumference". **Mark** this with a temporary point. From this temporary point, **add** 1/4 of an inch (0.6 cm). **Mark** this point **O1**. **Cross out** the temporary point.
- *Point O2*
  - From point **O**, **go** (to the right) 1/4 of the "adjusted ankle circumference". **Mark** this with a temporary point. From this temporary point, **add** 1/4 of an inch (0.6 cm). **Mark** this point **O2**. **Cross out** the temporary point.

Shaping the Side Seams

- *Points O1-Q1*
  - **Connect** points **O1** and **Q1** with the straight line.
- *Points O2-Q2*
  - **Connect** points **O2** and **Q2** with the straight line.
- *Points N-Q2*
  - **Connect** points **N** and **Q2** with a slightly round curve using the concave (hollow) part of the curve ruler.
- *Points B-F*
  - **Connect** points **B** and **F** with a slightly round curve using the convex (round) part of the curve ruler.
- *Point R*
  - From point **I**, **go** (to the left) 1/4 of an inch (0.6 cm). **Mark** this point **R**.
- *Points Q1-R*
  - **Connect** points **Q1** and **R** with a slightly round curve using the concave (hollow) part of the curve ruler.

Final Shaping of the Side Seams

- From point **F**, **continue drawing** a curve line to align with most of the curve of points **R** to **Q1** using the slightly convex (round) part of a curve ruler. This is to **blend** or **smoothen** the adjusted line (side seam) because there shouldn't be any sharp, uneven connecting lines. The adjusted line is represented with a broken line in the illustration for clarity. Though the slightly convex (round) side of the curve ruler is used to blend or smoothen the line, please observe that the line is almost straight. This is to avoid any unwanted bulkiness in the hip area of the side seam.

Garter Allowance

- *Point S*
  - From point **B**, **square** or **draw** a straight line from the slant line connecting points **B** and **E** using an L-shaped ruler or a triangle ruler **going up** 2 inches (5.0 cm). **Mark** this point **S**.

- *Point T*
    - From point **E**, **square** or **draw** a straight line from the slant line connecting points **B** and **E** using an L-shaped ruler or a triangle ruler **going up** 2 inches (5.0 cm). **Mark** this point **T**.
- *Points S-T*
    - **Connect** points **S** and **T** with a straight line.

FRONT PATTERN

Waist
- *Point #1*
    - From point **K**, **go** (to the right) 1/2 of an inch (1.3 cm). **Mark** this point **#1**.
- *Point #2*
    - From point **#1**, **square** or **draw** a straight vertical line (upwards) until the waist level. **Mark** this point **#2**.
- *Point #3*
    - From point **#2**, **go** (to the right) 1/4 of an inch (0.6 cm). **Mark** this point **#3**.
- *Point #4*
    - **Add** 8 inches (20.0 cm) to the waist measurement. This will be the "adjusted waist measurement".
    - From point **#3**, **go** (to the right) 1/4 of the "adjusted waist measurement". **Mark** this point **#4**.
- *Points #2-#4*
    - **Connect** points **#2** and **#4** with the straight line.

Hip Level
- *Point #5*
    - **Get** the intersection of the hip level and the line connecting points **#1** and **#2**. **Mark** this point **#5**.

Hip Measurement
- *Point #6*
    - **Add** 8 inches (20.0 cm) to the hip measurement. This will be the "adjusted hip measurement".
    - From point **#5**, **go** (to the right) 1/4 of the "adjusted hip measurement". **Mark** this with a temporary point. From this temporary point, **subtract** 1/2 of an inch (1.3 cm). **Mark** this point **#6**. **Cross out** the temporary point.

Shape of the Front Rise
- *Points #5-L*
    - Using free hand, **connect** points **#5** and **L** with a round curve line.

Guideline for the Side Seam
- *Point #7*
    - From point **#6**, **square** or **draw** a straight vertical line (downwards) until the desired length of the pants. **Mark** this point **#7**.

Grain Line or Pressing Line

- *Point #8*
    - **Get** the center (midpoint) of the line connecting points **M** and **#7**. **Mark** this point **#8**.
    - From point **#8**, **square** or **draw** a straight vertical line (upwards) until the rise/crotch level. This straight vertical line is the "grain line" or "pressing line".

Knee

- *Point #9*
    - **Get** the intersection of the knee level and the grain line from point **#8**. **Mark** this point **#9**.
- *Point #9a*
    - **Add** 4 inches (10.0 cm) to the knee circumference. This will be the "adjusted knee circumference".
    - From point **#9**, **go** (to the left) 1/4 of the "adjusted knee circumference". **Mark** this with a temporary point. From this temporary point, **subtract** 1/4 of an inch (0.6 cm). **Mark** this point **#9a**. **Cross out** the temporary point.
- *Point #9b*
    - From point **#9**, **go** (to the right) 1/4 of the "adjusted knee circumference". **Mark** this with a temporary point. From this temporary point, **subtract** 1/4 of an inch (0.6 cm). **Mark** this point **#9b**. **Cross out** the temporary point.

Circumference of the Ankle

- *Point #8a*
    - **Add** 4 inches (10.0 cm) to the ankle circumference. This will be the "adjusted ankle circumference".
    - From point **#8**, **go** (to the left) 1/4 of the "adjusted ankle circumference". **Mark** this with a temporary point. From this temporary point, **subtract** 1/4 of an inch (0.6 cm). **Mark** this point **#8a**. **Cross out** the temporary point.
- *Point #8b*
    - From point **#8**, **go** (to the right) 1/4 of the "adjusted ankle circumference". **Mark** this with a temporary point. From this temporary point, **subtract** 1/4 of an inch (0.6 cm). **Mark** this point **#8b**. **Cross out** the temporary point.

Shaping the Side Seams

- *Points #9a-#8a*
    - **Connect** points **#9a** and **#8a** with a straight line.
- *Points #9b-#8b*
    - **Connect** points **#9b** and **#8b** with a straight line.

- *Points L-#9a*
  - **Connect** points **L** and **#9a** with the slightly concave (hollow) part of the curve ruler.
- *Points #4-#6*
  - **Connect** points **#4** and **#6** with a round curve using the convex (round) part of the curve ruler.
- *Point #10*
  - **Get** the intersection of the rise/crotch level and the line connecting points **#6** and **#7**. **Mark** this point **#10**.
- *Points #10-#9b*
  - **Connect** points **#10** and **#9b** with the slightly concave (hollow) part of the curve ruler.

Final Shaping of the Side Seams

- From point **#6**, **continue drawing** a curve line to align with most of the curve of points **#10** to **#9b** using the slightly convex (round) part of a curve ruler. This is to **blend** or **smoothen** the adjusted line (side seam) because there shouldn't be any sharp, uneven connecting lines. The adjusted line is represented with a broken line in the illustration for clarity. Though the slightly convex (round) side of the curve ruler is used to blend or smoothen the line, please observe that the line is almost straight. This is to avoid any unwanted bulkiness in the hip area of the side seam.

Garter Allowance

- *Point #11*
  - From point **#2**, **square** or **draw** a straight vertical line (upwards) measuring 2 inches (5.0 cm). **Mark** this point **#11**.
- *Point #12*
  - From point **#4**, **square** or **draw** a straight vertical line (upwards) measuring 2 inches (5.0 cm). **Mark** this point **#12**.
- *Points #11-#12*
  - **Connect** points **#11** and **#12** with a straight line.

About the Author

Eloisa R. Francisco, nicknamed "Chic", obtained an A.B. degree in Communications Arts from Maryknoll College (class 1972) in Metro Manila, Philippines. After her graduation, she worked as Faculty Secretary at the Asian Institute of Management. After that stint, feeling ready for her first enterprise, she opened a dress shop. For nine consecutive years, the shop thrived under her meticulous personal management and supervision, and through that length of time, she gained not only invaluable managerial experience but also unique first-hand knowledge of pattern-making, having observed pattern-makers at close range. Eventually, she developed a very simplified pattern-making method.

Realizing that she had something good to offer, she closed her dress shop to open a dressmaking and fashion school, the Golden Hands Fashion & Arts School (1981-2009). The school's simplified and practical approach to pattern-making and fashion-designing was so appreciated by her students and graduates and showed their utmost satisfaction by warmly endorsing the school to their friends and relatives alike. Of course, it was easy for them to convince these friends and relatives about the solid merits of Golden Hands when they saw how Golden Hands' graduates succeeded in operating and managing their own garment businesses. Further, the school had a great number of students who came from other dress-making schools, thinking that these schools had better teaching methodology because their tuition fees were triple or even quadruple the tuition fee of Golden Hands. While as owner and School Directress, Chic, tried to maintain a low tuition fee that was affordable to a broader spectrum of society.

After realizing how the printing of easy-to-understand and easy-to-follow "how-to" books would help so many aspiring pattern-makers, Chic finally established a publishing house, the Golden Ideas Publishing House, Inc. to pave the way for the publication, distribution and sale of her books. So, in the midst of operating her school, teaching, and lecturing on Entrepreneurship, History of Costumes, Art Appreciation and Values Formation, she authored, despite her hectic schedule, several books. When Chic turned 60 in April 2009, she decided to close her school. But being a workaholic, she soon embarked on a new project. Believing that her easy-to-understand and easy-to-follow pattern-making method would significantly enable and empower multitudes worldwide, she started her e-learning project via video tutorials on line. And Chic, together with her staff of two, is steadily converting her books to e-book format.

ISBN 978-971-95777-2-0

www.ingramcontent.com/pod-product-compliance
Lightning Source LLC
Chambersburg PA
CBHW051948100426
42738CB00046B/3421